汉 语 知 识 丛 书

汉语的时相 时制 时态

龚千炎

创于1897 商务印书馆 The Commercial Press

图书在版编目(CIP)数据

汉语的时相时制时态/龚千炎著.—北京:商务印书馆,1995.10(2024.5重印)
(汉语知识丛书)
ISBN 978-7-100-01625-4

Ⅰ.①汉…　Ⅱ.①龚…　Ⅲ.①汉语-语法-研究
Ⅳ.①H14

中国版本图书馆CIP数据核字(2012)第052337号

汉语知识丛书
HÀNYǓ DE SHÍXIÀNG SHÍZHÌ SHÍTÀI
汉语的时相 时制 时态
龚千炎 著

商务印书馆出版
(北京王府井大街36号　邮政编码100710)
商务印书馆发行
北京虎彩文化传播有限公司印刷
ISBN 978-7-100-01625-4

1995年10月第1版　开本787×1092　1/32
2024年5月北京第5次印刷　印张3¾
定价:38.00元

目　录

一　现代汉语的时间系统

任何客观事物都处于一定的时间过程之中，因此，任何语言也都有时间方面的表达，并且各自构成系统。汉语自然也不能例外。以下我们将从词汇意义谈起，然后再讨论虚化的语法成分。

（一）动词的时间性与句子的时间性

动词表示人和事物的行动、变化和状态，具有明显的时间性，也就是说，动词的时间性是由动词的词汇意义决定的。例如，“服从、重视”表示静态的持续，“坐、躺”表示状态的持续，“走、跑、学习、研究”表示动作行为的持续，“变成、冲出、缩短”表示有终结点的动作、行为、变化，“死、塌”表示非持续、一瞬间的动作行为变化。

句子一般由动词充任谓语而构成，不但印欧语言的句子总是由动词充当谓语，即使汉语的句子也有许多是由动词充当谓语的，所以，大量的句子也具有明显的时间性。另一方面，从句子构造上看，动词谓语是其核心成分，其他句子成分都是围绕它而展开的，因此，动词谓语往往决定句子的时间特征。不过必须指出，其他句子成分也对句子的时间特征具有相当的制约作用。具体地讲，动词的词汇意义是为句子的时间特征提供了某种可能性，但还是潜在的，只有运用到言语交际中去与其他句子成分一道构成句子，才在多种可能性中选择、确定了一种时间类型，才是现实的。[①]

这样，当一个句子的时间性是由谓语动词的词汇意义决定时，则动词的时间性与句子的时间性相一致；当一个句子的时间性不由谓语动词而由其他句子成分与之共同决定时，则动词的时间性与句子的时间性不一致。例如：

（1）她显得年轻。　　　（显得）

（2）屋子里有人。　　　（有）

（3）你把绳子拉长。　　（拉长）

（4）我愿变作一只小鸟。（变作）

以上各例动词的时间性与句子的时间性是一致的，这是因为这些句子的时间性由动词谓语所规定：动词“显得”“有”表示静态持续，它们规定“她显得年轻”“屋子里有人”也表示静态持续；动词“拉长”“变作”表示有终结点即有限的持续，它们规定“你把绳子拉长”“我愿变作一只小鸟”也表示有限的持续。

又例如：

（5）他连抽三根烟。　（抽）

（6）我洗一件衣服。　（洗）

（7）他连跑几趟。　　（跑）

（8）他闹了好几场。　（闹）

（9）他往地上倒去。　（倒）

（10）满树的苹果哗哗啦啦地掉下来。（掉）

① 动词以及动词谓语句外，形容词以及形容词谓语句、某些体词谓语句有时也具有时间性，这点本书后面部分将会论及。

以上各例动词的时间性与句子的时间性不一致，这是因为其他句子成分起了制约作用的结果。(5)(6)两例中，动词"抽""洗"虽然表示持续的动作行为，但由于宾语"三根烟""一件衣服"的词义的制约，使得两个句子都只能表示有限的持续；(7)(8)两例中，动词"跑""闹"虽然表示持续的动作行为，但由于补语"几趟""几场"的词义的制约，使得两个句子都只能表示有限的持续；(9)(10)两例中，动词"倒""掉"虽然表示瞬间的动作变化，但由于状语"往地上、哗哗啦啦"、定语"满树"、补语"去"的词义的作用，因而使得两个句子都能表示有限的持续性。

句子的时间性与动词的时间性虽然关系密切，但却是两个不同的概念，有着各自的决定的因素。句子的时间性因各种句子成分词义的不同以及语境的不同而发生变化，动词的时间性则在任何情况下都不会发生变化，因为它是由动词所固有的语义内涵所决定的。

(二)汉语的时间系统的三个方面

汉语的时间系统由三个部分组成，即句子的时相结构、句子的时制结构、句子的时态结构。[①] 这三个部分又各自构成系统——子系统，汉语的时间系统就是由这三个子系统纵横交错所组成的综合系统，换一个角度讲，汉语的时间系统是由时相、时制和时态组成的三维结构。因此，要想了解汉语的时间系统，就必须搞清楚时相、时制、时态这三个方面。

---

① "时相""时制""时态"是采用陈平《论现代汉语时间系统的三元结构》一文中的术语，载《中国语文》1988年第6期。

句子的时相（phase）结构——它体现句子的纯命题意义的内在的时间特征，主要由谓语动词的词汇意义所决定，其他句子成分的词汇意义也具有相当的制约作用。因而句子的时间特征有时同动词的时间性一致，有时不一致。

句子的时制（tense）结构——它指示事件（句子）发生的时间，表现为该时间同说话时间或另一参照时间在时轴上的相对位置。

句子的时态（aspect）结构——它表现事件（句子）处于某一阶段的特定状态，是深入过程内部观察其各个发展阶段的情况的结果。现代汉语表示时态的语法成分较为发达，并且构成了一个严密的系统。

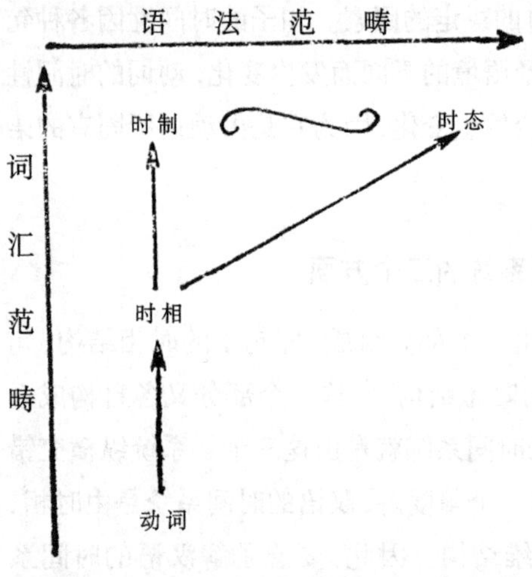

就三者的关系而言，时相结构为句子表现时制和时态提供了几种可能的选择，时制成分和时态成分则使某种可能性变成了现实性，即选择其中一种以表达思想进行交际。

我们看到，时间系统的三个部分既相联系又相区别，它们之间的关系可以图示如上（加上动词一项）。

从共时看，就时间表达而言，上图也展示出动词谓语句的生成过程；从历时看，上图的时态语法成分则是语言长期历史演变的结果。

有人认为现代汉语的时间系统“是一个语法范畴”，[①] 我们则认为它是一个“词汇·语法范畴”，正如上图所展示的。

（三）汉语的时间系统与印欧语的时间系统

汉语与印欧语属于不同的语系，基本构造不同，汉语缺乏形态变化，印欧语则富于屈折形态变化，由此决定了它们的时间系统也不相同。

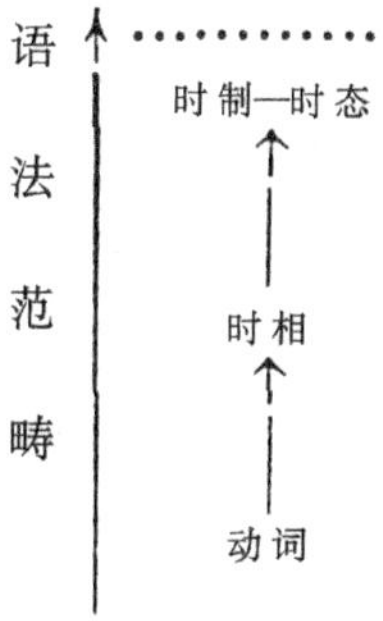

现代汉语的时间系统是一个“词汇·语法范畴”，而印欧语的时间系统则是一个语法范畴。首先，印欧语的动词都由形态变化表示时间范畴；其次，句子的其他成分也都由形态表示语法意义，因此时相也不仅仅是纯命题意义的时间结构；再次，印欧语的时态和时制不但已经高度抽象化，多由语法形态表示，而且它们还往往紧密地结合在一起。据此，我们可以将印欧语的时间系统图示如上。

从共时看，就时间表达而言，上图不妨看作动词谓语句的生成过程；从历时看，上图也不妨看作是印欧语的表时系统及其语法形态成分的演进史。

① 陈平《论现代汉语时间系统的三元结构》，《中国语文》1988年第6期。

二　现代汉语的时相结构*

（一）时相结构与情状类型

如上所述，现代汉语的时相结构由句子的纯命题意义所决定。例如从词汇意义上看，有的句子表现静止的状态，也有的句子表现动态的行为；如将动态的行为进一步划分，则有的动态行为只是表现一瞬间的动作，而有的动态行为则可以持续进行下去；如果再将可以持续的动态行为进一步划分，则有的可持续动作行为有其内在的终结点，并不能无限地持续下去，而有的可持续动作行为则没有内在的终结点，因而理论上可以无限地持续下去，等等。

这样，句子的时相结构便表现出各种不同的特点。我们如果以这些时相结构的特点为依据，对其作划类的研究，那么得出来的类别便是句子的情状类型（situation type）。可见，句子的情状类型是对句子的时相结构特点加以概括归类的结果。更精确地说，句子的情状类型也是一种时相结构——更概括的时相结构。

与句子的时相结构一样，句子的情状类型也主要由谓语动词的词汇意义所决定。可见，谓语动词也是决定句子情状类型的基础。动词、时相、情状之间的关系可以概括为：据谓

---

* 本章主要参考陈平《论现代汉语时间系统的三元结构》一文写成，谨此致谢。

语动词而决定句子的时相结构，由时相结构而划分句子的情状类型。

不过必须指出：决定句子的时相结构或曰情状类型的不只是动词谓语，还有其他句子成分参与；动词谓语也不只用于一种情状类型（时相结构）的句子，得视具体情况才能决定用于何种情状类型；大多数动词可以用于多种情状类型（时相结构）的句子，极少数动词则只能用于个别情状类型。

（二）几种不同的情状分类法

由于情状分类的主要根据是词义和命题意义，所以语言学家和哲学家都很注意对情状类型的研究。在西方，早在亚里士多德时代就出现了有关的论述。亚里士多德当时看出有些动词的意义必然涉及某种结局，而有些动词的意义则不涉及结局，于是他认为可以依据动词的这种时间特征而给它们分类。自此以后，这类研究就一直延续下来，并且不断深入。不过值得注意的是，尽管各家所研究的语言并不相同，各家的说法和所定的名目也不尽相同，但大体都将情状分为四种基本类型。这是否意味着，各种语言虽然表达时间特征的语法形式各不相同，但它们的情状类型却具有超语言的共同的逻辑基础？

从所发表的论著看，各家所定的四类情状的名称大同小异，常见的四种定名是：静态（state）、活动（activity）、完结（accomplishment）、达成（achievement）。[①] 近年有关情状类型的研究一般都在此基础上进行，我们的研究自然也要借鉴这些

① Vendler: *Linguistics in philosophy* (1967).

研究成果。不过必须指出，各家划分的情状类型虽然差不多，但他们的情状分类方法却不尽相同。例如就汉语语法的研究而言，有的仅从动词入手，有的则从句子入手，而后者又有不同，有的连时制和时态成分都包括在内，有的则撇开时制和时态的因素。

以下我们依次介绍代表性的学者和论点：

1. 范围限于单个动词

这是范围最窄的一种，可拿马庆株的论文《时量宾语和动词的类》作代表。[①] 他根据动词带时量宾语所表现出来的不同的时相特征给动词划类，实际上这也就是动词在时相或曰情状方面的分类（未给各类情状命名）。他是利用〔± 持续〕、〔± 完成〕、〔± 状态〕这三对语义特征给动词作情状分类的，看下面的几个表格：

	持续	完成	状态
V_a 死、知道、看见……	－	＋	
V_b 等、看、挂……	＋		

V_a 类动词表示瞬间完成、不能持续的动作行为，所以后面所带的时量宾语是指动作行为完成以后经历的时间，例如“已经死了三天了”“手表丢了两天了”；V_b 类动词则表示可以持续的动作行为，但其中又有不同：

	持续	完成	状态
V_{b1} 等、坐……	＋	－	
V_{b2} 看、挂……	＋	＋	

① 载《中国语文》1981 年第 2 期。

V_{b1}类动词只能表示持续的动作行为而不能表示瞬间完成的动作行为，所以后面所带的时量宾语只能指动作行为持续的时间，例如“等了三天了”“坐了半天了”；V_{b2}类动词则既能表示持续的动作行为，又能表示瞬间完成的动作行为，所以后面所带的时量宾语既可指动作行为持续的时间，例如“这本书看了一年了，还没看完”，又可指动作行为完成以后经历的时间，例如“那场戏我已经看了一年了，还记得很清楚”，但其中又有不同：

	持续	完成	状态
V_{b21} 看……	＋	＋	－
V_{b22} 挂……	＋	＋	＋

两者的区别是，V_{b22}类动词还可以表示状态，因此，它后面所带的时量宾语除了可指动作行为的持续和动作行为完成后经历的时间以外，还可指动作行为造成的状态的持续。

这样，我们得出马文划分的汉语动词的情状类型有以下四种：

	持续	完成	状态
V_a 死、知道、看见……	－	＋	
V_{b1} 等、坐……	＋	－	
V_{b21} 看……	＋	＋	－
V_{b22} 挂……	＋	＋	＋

2. 范围包括时制和时态标记的整个句子

这是范围最宽的一种，可以美国邓守信的论文《汉语动词的时间结构》为代表。[①] 他采用通行的情状分类法，把汉语句子的情状类型分为下面四种，并用时段、时点、时频分析了它们各自的语法特点，验证了它们之间存在的差异：

（1）活动语境（activity situation）

他去年学法语。

张老师在美国教汉语。

他们吃饺子。

活动句表示动作行为等。时段出现在活动句中代表活动持续范围（起点以至终点的长度）；时点出现在活动句中表示活动的开始或进行；时频出现在活动句中表示活动出现的频率。

（2）完结语境（accomplishment situation）

他学会法语了。

张老师教错一个汉字。

他们吃了二十个饺子。

完结句总是有一定的目标和结果。时段在完结句中出现只表示活动完成时的终点，不能指明活动持续的时段；时点出现在完结句中指明活动完结的终点（不牵涉到活动的起点）；时频一般不在完结句中出现。

（3）达成语境（achievement situation）

小李病了。

老王丢了一只手表。

达成句表示状态发生转变。时段出现在达成句中表明变化的起点或者终点，视不同的动词而定，例如“这只虫死了很

① 载《第一届国际汉语教学讨论会论文选》，北京语言学院，1986。

久了”指由生到死的变化发生后至说话时的时距，变化的状态已成为过去，指明状态的了结——向终点，又如“我的狗病了很久了”指由正常到生病的变化发生后至说话时的时距，但变化的状态仍然存在着，指明状态的开始——向起点；时点出现在达成句中指出状态变化的起点或终点；时频出现在达成句中较复杂。

（4）状态语境（state situation）

我们都知道他的名字。

他不喜欢北方菜。

状态句不表动态而表示静态。时段在状态句里是指状态持续的时间；有明确时间的时点和时频一般不出现在状态句里。

3. 范围限于撇开时制和时态因素的句子

这是范围适中的一种，可把陈平的论文《论现代汉语时间系统的三元结构》作为代表。他利用〔±静态〕、〔±持续〕、〔±完成〕这三组区别性特征来划分句子的情状类型，看下面的表格：

	静态	持续	完成
状态	+		
活动	−	+	−
结束	−	+	+
复变	−	−	+
单变	−	−	−

陈平并对“静态”“持续”“完成”这三组概念作了如下的说明：

静态——我们把情状沿时轴自零点向前展开的过程看作为该情状在时轴上占据一个时段的过程，如果情状在这个时段中的所有时点上呈现出来的状态都是相同的，那么便可认为是静态情状，即静态情状是具有一种均质的时间结构。常用于静态情状句的动词有“属于、姓、等于、适合”等（属性动词），“相信、知道、爱、恨”等（知觉动词），“坐、站、睡、躺”等（姿态动词）。

持续——持续是与动态情状相关的特征。动态情状又有不同的情况。一种动态情状表现的是瞬间性的动作，从时间结构上看它的起始点与终结点在时轴上靠得很近，几乎可以说是重合的，因此它占据的只是一个时点或者说是一个非常短的时段，很难包容一个相对稳定的持续阶段，可以认为是非持续性情状。常用于动态非持续性情状句的动词有“认出、发现、死、爆炸、跌倒、找到、眨眼”等。另一种动态情状的行为动作的起始点和终结点在时轴上则有明显的距离，即在时轴上占据了一个时段，整个情状因此可以有一个持续的过程，这是持续性情状。常用于动态持续性情状句的动词或动宾短语有“跳舞、唱歌、看电影、读《阿Q正传》”等。

完成——有的情状的语义构成具有内在的自然终结点，情状一开始便一步步朝着这个自然终结点演进，抵达终结点便意味着情状的完成，即这类情状在时轴上所占时段的长度已经为情状本身的语义内容所框定，它的延续时间有一定的常规界线，所以可以称为完成性情状，例如“我们听贝多芬第九交响乐”“他们读这两篇文章”“我看一场电影”等。有的情状则没有内在的终结点，它们可以在时轴上的任意一个时点上结束，从理论上讲也可以无休无止地延长下去，所以可以称为非完成性情状，例如“我们听音乐”“他们读书”“大家跑步”等。此外，瞬时性行为动作一般也属于非完成性情状，因为它们虽然有内在的终结点，但却缺乏一个自起始点向终结点接近的中间过程。

（三）句子的情状类型

谓语动词虽然是决定句子情状类型的主要因素，但还有其他句子成分的参与作用，因此划分句子情状类型仅仅限于动词是不够的。时制和时态虽然同句子情状类型有密切关系，但毕竟属于不同的语言范畴，唯有时相才是划分句子情状类型的依据，因此，划分句子情状类型不应包括时制和时态，当然，时制、时态反证句子情状类型有效时，我们也不回避。

我们对常例稍作变通，应用〔±静态〕、〔±动态〕、〔±持续/进行〕、〔±完成〕这四组区别性特征作为划分句子情状类型的标准，结果如下表：

	静态	动态	持续/进行	完成
状态情状句	+	−		
活动情状句	−	+	+	−
终结情状句	−	+	+	+
实现情状句	−	+	−	−

下面，我们将对这四类情状加以论述，指出它们各自的语

法形式特征，并列出常用于该类情状句子的典型动词。

1. 状态情状（state situation）

这类情状表示静止不动的状态，因而无所谓持续或完成。下面是一些状态情状句：

（1）我是北京人。

（2）方庄小区有许多塔楼。

（3）老王在家吗？

（4）他姓王，叫王小刚。

（5）你这话等于白说。

（6）她的脾气真像她妈。

（7）女儿还不如妈妈呢。

——以上句子由关系动词充任谓语①

（8）我们大家都不相信他。

（9）我觉得很好。

（10）我认识这个人。

（11）我们都讨厌他。

（12）我懂这个道理。

（13）大家心里都很焦虑。

——以上句子由心态动词充任谓语

（14）那几幅画一直挂在墙上。

（15）菜在桌子上摆着。

（16）货物还在仓库里堆着呢。

（17）他就那么一动不动地在床上躺着。

---

① 一些名词谓语句也属于这类状态情状句，例如“今天星期六”“鲁迅浙江人”等。

（18）大伙儿都还在雪地里趴着呢。

——以上句子由状态动词充任谓语[①]

例（1）—（7）是关系动词充任谓语的句子。这些关系动词表示判断、存在、称名、等同、比较、属性等各种关系，都是无形的、抽象的，一般由它们充任谓语构成状态情状句。常见的关系动词有：好像、仿佛、等于、姓、叫、是、属于、有、具有、在、缺乏、显得、不如、不及、当作、适合、作为、当做、符合。

例（8）—（13）是心态动词充任谓语的句子。这些心态动词表示喜爱、怨恨、感觉、认知、遗忘等心理状态，没有外在的具体的动作行为，它们充任谓语一般也构成状态情状句。常见的心态动词有：喜欢、高兴、爱、热爱、佩服、满意、同情、心疼、相信、同意、尊敬、怀念、信任、爱好、尊重、羡慕、放心、恨、怪、愁、怨、嫌、讨厌、害怕、焦虑、后悔、抱歉、怀疑、惊讶、沮丧、担心、忌妒、失望、希望、感觉、觉得、感到、认识、认得、懂、明白、了解、认为、以为、知道、晓得、理解、忘、忘记。[②]

例（14）—（18）是状态动词充任谓语的句子。这些状态情状句表示有生物的某种姿态和无生物所处的位置，都是静止不动的，例如（17）（18）表示人所保持的某种姿态，（14）（15）（16）表示物以某种形式被置于何处。这些动词也可以构成活动情状句，这时它们不是状态动词而是动作动词，例如"他正在往墙上挂画儿""他正摆菜呢""你去把货物堆在仓库里

① 一些形容词谓语句也属于这类状态情状句，例如"队伍非常整齐"等。

② 从同是表示状态看，心态动词构成的句子归入状态情状类型是适当的，可是由于它也是表示心理状态的过程的，因此也就具有某些活动情状的特点，例如它的动词谓语后面可以有限制地带时量短语，有的并且可以带"着"，以表示它是可以延续的。

吧”“他正往地下躺呢”“你怎么趴下呢？”。就状态情状句而言，常见的状态动词有：坐、站、躺、蹲、藏、躲、钻、跪、趴、挂、摆、堆、晾、摊、铺、贴、插、装、盛、包、裹、捆、绑、吊、悬、顶、架、搭、垫、盖、穿、戴、夹、塞、开、关、锁、张、闭、敞。

以上三类动词虽然都表示静态，但静态的强弱程度不同：关系动词最具静态；心态动词外观无动，但在内心世界实为状态过程；状态动词则是动作行为发出后有生物所保持的姿态或无生物所处的位置。正因为如此，它们的语法形式特征也就各有不同。

关系动词一般不能带“了、着、过”，更不能用“在/正在”或带时量短语表示持续。“有”虽然能带“了、着、过”，但并不具有动态意味和作用。

心态动词用在句中总是同过去的时间联系着，所以它后面可以带“过”。多数心态动词也能带“了”，[①]但不能用“在/正在”或带“着”表示持续。[②]一些心态动词后面不能带时量短语表示延续，另一些即使能带也要受到各种限制：有的心态动词只能带不定时量短语（我心疼了好一阵子、我担心了好长时间），而不能带有定时量短语（*我心疼了两个小时、*我担心了半个小时）；有的心态动词即使能带有定时量短语，也只能带长时间的有定时量短语（恨了我三年哪、抱怨了老半天），而不能带短时间的有定时量短语（*恨了我十分钟、*抱怨了一分钟）。心态动词的这种语法形式特征是同它的语义性质相关的，心态动词总是表示某种比较长久的或者永恒的感情、感觉、

① “希望、感觉、觉得、认为、以为”等后面不能带“了”。

② 少数心态动词后面可以带“着”，例如“爱着、相信着、怀念着”等。

认知等，只是客观地对它们作出反映和判断。[1]

状态动词常带“着”表示状态的持续（静态维持），但不能在它前面用“在/正在”，否则就成了表示活动情状的动作动词了，试比较：会客室里摆着沙发（状态）——会客室里在摆沙发（动作）。[2] 由于静态也是可以延续维持的，因此状态动词后面可以带时量短语表示持续的时间。它带“过”表示某种状态曾经存在过（灯笼在那儿挂过），带“过”再带时量短语则表示某种状态曾经存在过多长时间（灯笼在那儿挂过一段时间）；它不能只带“了”，但是可以带“了”再带时量短语，表示某种状态已经存在了多长时间（灯笼在那儿挂了三天）。[3]

2. 活动情状（activity situation）

这是最具动态性的情状，它不含内在的终结点，理论上可以无限地持续下去，一般所说的“持续性动词”主要就用于这类情状的句子。下面是一些活动情状句：

（19）小王一直向前跑，岳月华也一直追。

（20）李兆昌用手巾擦着嘴。

（21）除了打水、扫地，（我不进他的屋）。[4]

（22）他们一边走着一边喊。

（23）每当春夏之际，我常常仔细观察那些躯干粗壮、枝叶扶疏的阔树叶。

（24）他正在批改作业。

（25）爸爸一直在写论文。

---

①③ 参看李临定《现代汉语动词》，中国社会科学，1990。

② 这里表明时态成分也能对句子情状的归属起作用。

④ 动宾短语“进……屋”含有内在的终结点，所以它属于终结情状，而不属于活动情状。

（26）我远远地望着后沟里的那些土窑洞

——以上句子由动作行为动词充任谓语

（27）他回忆起童年的生活。

（28）他不禁在心里头琢磨开了。

（29）我想着、想着……

（30）我不断地思考着各种问题。

——以上句子由心理活动动词充任谓语

例（19）—（26）是动作行为动词充任谓语的句子。这些动作行为动词首先可以划分为及物动词和不及物动词，及物动词如“听、说、读、阅读、朗读、写、写作、看、观看、观察、望、教、问、答、回答、念、叫、喊、学、学习、调查、研究、批改、画、抄、印、印刷、买、卖、追、逛、溜达、洗、洗涤、吹、拉、弹、唱、歌唱、演唱、玩、找、等、等候、打、扫、擦、收拾、拧、抓、提、抽、吸、吃、喝、拉、撒、睡、来、去”等，不及物动词如“跑、奔跑、逃跑、跳、跳跃、蹦、蹦跳、走、奔走、逃走、行走、出发、哭、笑、闹、转、转悠、唠叨、咳嗽、休息、休养、妥协、工作、劳动、挑战、战斗、奋斗、活动、挣扎、前进、旅行、斡旋、就业、待业、生活、进行、嚷、鸣、叫、喊叫、嚎叫、玩耍、服务、问世、面世、致敬、退却、倒退、归来”等。当然，上述动词也有兼属及物和不及物两类的，例如：公鸡叫了（不及物）——老师叫你呐（及物）。

其次，这些动作行为动词都可同“在/正在”“了、着、过”配合使用以表示时间，也都可带时量短语表示动作行为持续的时间，例如“他整整等了你半个月”“她哭了一个晚上”，但也有些动词带时量短语后既可表示动作行为持续的时间，又可表示动作行为结束后延续的时间，例如：这本小说我看了三天

（动作行为持续的时间）——这本小说才看了三天，我就记不得了（动作行为结束后延续的时间）。

例（27）—（30）是心理活动动词充任谓语的句子。这些心理活动动词表示大脑的思维活动过程，同动作行为动词一样，通常由它们充任谓语构成活动情状句。常见的心理活动动词有：想、猜、猜想、猜测、考虑、思考、思索、寻思、琢磨、回忆、回想。心理活动动词可同"在/正在"配合使用，可带"了、着、过"，也可带时量短语表示心理活动延续的时间。

此外，兼属状态动词的动作动词通常也都构成活动情状句，例如"他正在院子里晾衣服""他一枝一枝地往花瓶里插花"等。常见的动作动词有：坐、站、躺、蹲、藏、躲、钻、趴、挂、摆、堆、晾、摊、铺、贴、插、装、盛、包、裹、捆、绑、吊、悬、顶、架、搭、垫、盖、穿、戴、夹、塞、开、关、锁、张、闭、敞。

3. 终结情状（accomplishment situation）

这类情状也颇具动态性，并且都能表示动作行为的持续，不过，由于它含有内在的自然终结点，因而情状从一开始便一步步地朝这个自然终结点演进，持续的时间具有某种规定的界线，较难容纳一个稳定的持续阶段。下面是一些终结情状句：

（31）冰已经化为水了。

（32）他一头冲出了屋子。

（33）我正在解开绳子。

（34）我们努力爬上了山顶。

（35）水稻种子都改良了。

（36）他不知不觉地放松了手。

（37）他最近才办好过几件事情。

（38）最近方庄小区的马路又拓宽了。

——以上句子由终结动词充任谓语

（39）小王向前跑了一千米，岳月华也向前追了一千米。

（40）大伙儿正在看（着）电影《大红灯笼高高挂》。

（41）爷爷在厅堂里哼了一段京剧。

（42）小红每天早晨读两首唐诗。

（43）她裁了几件衣服。

（44）这几本书我读过了。

（45）爸爸最近写了三篇论文。

（46）他正在琢磨那几道数学题呢。

（47）我来猜那几则谜语。

（48）你去往墙上挂两幅画儿。

（49）我在阳台上摆了几盆花。

——以上句子由动作行为动词、心理活动动词以及兼属状态动词的动作动词充任谓语

例（31）—（38）是终结动词充任谓语的句子。由于这些终结动词由动作行为及其结果合体构成，其动作一旦开始便必然向终结点演进，形成不了一个相对稳定的阶段，因此它可以处于进行状态中（用“在/正在”表示），却一般不能带“着”表示持续状态。例如可以说“冰正在化为水”“他正在冲出屋子”“我正在解开绳子”“我们在努力爬上山顶”“他们在改良水稻种子”“他不知不觉地在放松双手”“他正在努力办好这几件事情”“最近方庄小区的马路又在拓宽”等，不能说“* 冰化为着水”“* 他冲出着屋子”“* 我解开着绳

子”“*我们努力爬上着山顶”“*他们改良着水稻种子”“*他不知不觉地放松着双手”“*他努力办好着这几件事情”“*最近方庄小区的马路又拓宽着”等。

又由于这类终结动词语义上非常偏重后面的必然达到的结局，所以它常常带“了”表示结束、完成，也可以带“过”表示曾经经历过，如果带时量短语则多表动作结束后那个结果的状态的持续时间。[①] 例如：

“冰已经化为了水”“他一头冲出了屋子”“我解开了绳子”“我们努力爬上了山顶”“我们改良了水稻种子”“他不知不觉地放松了手”“他最近才办好了这几件事情”“最近方庄小区又拓宽了马路”。

“我解开过（这根）绳子”“我们（曾经）努力爬上过山顶”“我们改良过水稻种子”“他一直没有放松过手”“他最近才办好过几件事情”“最近方庄小区拓宽过马路”。[②]

“水化成一个月了”（成为水的状态后持续了一个月）、“绳子已经解开几分钟了”（绳结开后又过了几分钟）、“山顶我们爬上将近一个钟头了”（上山顶后又过了将近一个钟头）、“水稻种子已经改良了一年多了”（成为良种后又过了

① 正因为终结动词的时相结构是偏重动作行为所达成的结果和目标，而不偏重动作行为的持续性（并不是它没有持续时间），所以语法层面上才一般不用“着”来表示持续。

② “（这块）冰曾经化为过水”之所以不能说，不是语法有误，而是因为事理上说不过去，难道“这块冰”仍还是曾经化为过水的“那块冰”吗？“他冲出过（这间）屋子”之所以不能说，也是因为事理上没有依据，对“屋子”来说冲出与否毫无意义。其实仅就这些终结动词而言，它们后面都可以带“过”表示曾经经历过，例如“化为过、冲出过、解开过、爬上过、改良过、放松过、办好过、拓宽过”。

一年多)、"手已经放松多时了"(手松开后过了多时了)、"这件事已经办好了一年多了"(事情解决之后已经一年多了)、"方庄的马路已经拓宽了半年多了"(成为宽马路已经有半年多了)。

例(39)—(49)是动作行为动词、心理活动动词以及兼属状态动词的动作动词充任谓语的句子。这些句子之所以具有终结情状,是其他句子成分共同参与作用的结果。例如,(39)是由"一千米"决定了"跑"的终结点,(40)是由"电影《大红灯笼高高挂》"决定了"看"的终结点,(41)是由"一段京剧"决定了"哼"的终结点,(42)是由"两首唐诗"决定了"读"的终结点,(43)是由"几件衣服"决定了"裁"的终结点,(44)是由"几本书"决定了"读"的终结点,(45)是由"三篇论文"决定了"写"的终结点,(46)是由"几道数学题"决定了"琢磨"的终结点,(47)是由"几则谜语"决定了"猜"的终结点,(48)是由"两幅画儿"决定了"挂"的终结点,(49)是由"几盆花"决定了"摆"的终结点,等等。

这类终结情状句可以由其谓语动词前加"在/正在"表示进行态,由于它从起始点到终结点存在一个有限度的持续时段,所以也可以由其谓语动词带"着"表示持续。(兼属状态动词的动作动词不能带"着",因为能带"着"就不是动作动词而是状态动词了)例如"小王正在向前跑一千米""大伙儿正在看(着)电影《大红灯笼高高挂》""爷爷正在厅堂里哼着一段京剧""小红正在读着两首唐诗""她正在裁着几件衣服""我正在读(着)这几本书""爸爸最近在写三篇论文""他正在琢磨(着)那几道数学题呢""我正在猜那几则谜语""我正在往墙上挂两幅画儿”“我正在阳台上摆几盆花”。[1]

又由于这类情状句所具的终结性，因而其谓语动词常常带“了”表示结束、完成，也可以带“过”表示曾经经历过。例如，“小王向前跑了一千米，岳月华也向前追了一千米”“大伙儿都看了/过电影《大红灯笼高高挂》”“爷爷在厅堂里哼了/过一段京剧”“小红读了/过两首唐诗”“她裁了/过几件衣服”“我读了/过这几本书”“爸爸最近写了/过三篇论文”“他琢磨过那几道数学题”“我猜了/过那几则谜语”“我往墙上挂了/过两幅画儿”“我在阳台上摆了/过几盆花”。

由其他句子成分共同确立的终结情状句的语法结构特点，如上所述，与活动情状句大体相同，所不同的是终结情状句中，谓语动词所带的时量短语有的表示动作行为持续的时间，有的则表示动作行为结束后延续的时间。例如：

《大红灯笼高高挂》看了两小时了，（还没有看完。）〔动作行为持续两小时〕/《大红灯笼高高挂》都看了两个月了，（哪里还记得那么清楚？）〔动作行为结束后延续两个月〕

那段京剧爷爷哼了一个小时了，（还在哼呢。）〔动作行为持续一小时〕/那段京剧爷爷都哼了一个小时了，（余音还绕梁呢。）〔动作行为结束后延续一小时〕

两首唐诗小红读了一小时了，（还在读呢。）〔动作行为持续一小时〕/两首唐诗小红都读了一小时了，（但我觉得她仿佛还在读似的。）〔动作行为结束后延续一小时〕

那几件衣服她裁了半天了，（还没有裁完。）〔动作行为

① “在/正在”的使用较为自由，范围较广，相对而言，“着”的自由度则低一些，范围窄一些。

持续半天〕/ 那几件衣服她都裁了半天了，（一直搁在那儿没有动手做。）〔动作行为结束后延续半天〕

这几本书我读了一个月了，（还没有读完。）〔动作行为持续一个月〕/ 这几本书我都读了一个月了，（早把内容给忘了。）〔动作行为结束后延续一个月〕

那三篇论文爸爸写了一年了，（还没有写完。）〔动作行为持续一年〕/ 那三篇论文爸爸都写了一年了，（可能他自己也记不清内容了。）〔动作行为结束后延续一年〕

那几道数学题他琢磨了好几天了，（还没有做出来。）〔心理活动持续好几天〕/ 那几道数学题他都琢磨了好几天了，（也许自己都有些淡忘了。）〔心理活动停止后延续好几天〕

那几则谜语我猜了好几天了，（还是猜不出来。）〔心理活动持续好几天〕/ 那几则谜语我都猜了好几天了，（内容已经记不清了。）〔心理活动停止后延续好几天〕

那两幅画儿他往墙上挂了好几分钟，（还在挂呢。）〔动作持续好几分钟〕/ 那两幅画儿他都挂了好几分钟了，（喏，它们就挂在那边墙上。）〔动作结束后延续好几分钟〕

那几盆花他在阳台上摆了好几分钟了，（怎么还在摆呢？）〔动作持续好几分钟〕/ 那几盆花他在阳台上都摆了好几分钟了，（喏，就在那边。）〔动作结束后延续好几分钟〕

以上例句说明，表示动作行为持续时间颇为自由，表示动作行为结束后延续时间则有一定选择限制。例如，后者几乎每句都加了“都”字，有的则必须删去“往墙上”三字，还有的则不得不把“两小时”改为“两个月”，等等。

构成终结情状句的终结动词颇能体现汉语特色，它构成的句子往往言少意多，一个句法结构常能蕴涵两个语义结构。例如，"他冲出了屋子"是"他冲+他出了屋子"，"我解开绳子"是"我解绳子+绳(结)开"，"马路拓宽了"是"拓马路+马路宽了"，"他放松了手"是"他放手+手松了"及"他放手+他松了手"，等等。[①] 常见的终结动词有：变为、变成、变作、成为、化为、化作、改为、装作、扮为、扮作、跑来、奔去、走出、爬上、滑下、溜下、飞过、送回、拿出、掏出、解开、跑开、冲出、冲进、扩大、缩小、提高、降低、拉长、缩短、拓宽、办好、修好、变好、放松、抓紧、搞好、搞活、堵死、伸直、磨光、打通、搞清、理顺、改良、改正。

4. 实现情状(achievement situation)

实现情状的最大特点是它的瞬间性，即它表现的是一瞬间发生的事件。就其动作行为而言，起始点与终结点相距极短，几乎是重合的，因而语言表达上很难体现其持续性(持续的过程)，相反的，倒是较易表现它的实现性。因为这类动作行为一经发生便立即转变、实现为另一状态。瞬间性以及实现性，便是这类情状的两大特点。下面是一些实现情状句：

(50)大爷的那头老黄牛死了。

(生的状态—→死的状态)

(51)院子里那堵墙塌了。

(正常状态—→倒塌状态)

(52)小孩儿醒了。

---

① 一些终结动词短语也有类似的功能，例如，"他溜出去了"是"他溜+他出去了"，"他喝红了脸"是"他喝(酒)+脸红了"，等等。

（睡的状态⟶醒的状态）

（53）我的钱包丢了。

（拥有⟶丢失）

（54）房间里的电灯灭了。

（光亮状态⟶熄灭状态）

（55）厨房里的那只煤气罐爆炸了。

（正常⟶爆炸）

（56）那只杯子打破了。

（完好状态⟶破损状态）

（57）他跌倒了。

（正常状态⟶跌倒状态）

——以上句子由瞬间动词充任谓语

（58）他腾的一下站了起来。

（59）他叭哒一声趴在地上。

（60）他扑通一声跪在地上。

（61）他突然一仰躺在沙发上。

（62）他猛地跪了下去。

（63）他一下子钻了进去。①

（64）他突然坐了下去。

（65）小孩一下藏到大人身后。

——以上句子由兼属状态动词的动作动词充任谓语

例（50）—（57）是瞬间动词充任谓语的句子。常见的瞬

---

① “钻……进去”含有内在的终结点，由它构成的句子本应属于终结情状，可是一用上“一下子”就使句子变成为实现情状了（由瞬间动作所决定）。上下与此相同的例句均此，不另说明。

间动词有：死、塌、垮、倒、摔、醒、灭、熄、熄灭、炸、爆炸、断、到、完、丢、掉、见、牺牲、批准、离开、到达、结束、停止、终止、开始、看见、发现、认出、打破、跌倒、吃完、掀翻、看到、见到、取到、收到、拿到、接到、领到、找到、遇到、烧焦、写错。

由于这些瞬间动词是非持续性动词，所以它们既不能在前面加"在/正在"，也不能在后面带"着"。例如，以下各句都不能说：*大爷的那头老黄牛在死|*大爷的那头老黄牛死着、*院子里那堵墙在塌|*院子里那堵墙塌着、*小孩儿在醒|*小孩儿正在醒着（"小孩儿醒着呐"能说）、[1]*我的钱包在丢|*我的钱包丢着、*房间里的电灯在灭|*房间里的电灯灭着、*他在跌倒|*他跌倒着、*厨房里的那只煤气罐在爆炸|*厨房里的那只煤气罐爆炸着、*那只杯子在打破|*那只杯子打破着。[2]

又由于这些瞬间动词表示的是瞬间性的完成的动作行为，所以它常常带"了"表示结束、完成，有时也可以带"过"表示曾经经历过，如果带时量短语则只是表示动作行为变化结束完成后所遗留的那个状态的持续时间。例如：

"大爷家死了/过一头老黄牛""院子里塌了/过一堵墙""小孩儿醒了/过""我丢了/过钱包""房间里灭了/过电灯""厨房里的那只煤气罐爆炸了/过""他打破了/过（那只）杯子""他跌倒了/过"。

---

① "醒"只是一瞬间的行为，就这个意义而言，"醒着"是不能说的。可是"小孩儿醒着呐"中的"醒"却不是指这一瞬间的行为，而是指瞬间行为结束之后所继续保持的这种状态，状态则是可以持续的，因而这个"醒"后面可以带"着"。类同的例句不另说明。

② 除非是许多同类个体不断重复发生同一动作、行为、变化时才能使用"在/正在"和"着"。例如："坚冰正在打破""煤气站的煤气罐正在爆炸""大批煤气罐不断地爆炸着""飞机连续不断地炸着"等。

“大爷的那头老黄牛死了两个月了”（死了之后又过了两个月）、“院子里那堵墙塌了好几天了”（倒塌之后又过了好几天）、“小孩儿醒了一刻钟了”（醒过来之后又过了一刻钟）、“我的钱包丢了一星期了”（丢失之后又过了一星期）、“房间里的电灯灭了一小时了”（灯灭之后又过了一小时）、“厨房里的那只煤气罐爆炸了好几天了”（爆炸之后又过了好几天）、“那只杯子打破了好几天了”（破了之后又过了好几天）、“他跌倒了几天了”（跌倒之后又过了几天）。

例（58）—（65）是兼属状态动词的动作动词充任谓语的句子。常见的这类动词有：坐、站、躺、蹲、藏、躲、钻、跪、趴……。这些句子之所以具有实现情状（瞬间性），是其他句子成分共同参与作用的结果。例如，（58）是由“腾的一下”决定了“站”的瞬间性，（59）是由“叭哒一声”决定了“趴”的瞬间性，（60）是由“扑通一声”决定了“跪”的瞬间性，（61）是由“突然一仰”决定了“躺”的瞬间性，（62）是由“猛地”决定了“跪”的瞬间性，（63）是由“一下子”决定了“钻”的瞬间性，（64）是由“突然”决定了“坐”的瞬间性，（65）是由“一下”决定了“藏”的瞬间性，等等。[①]

这类实现情状句由于其瞬间性和非持续性，所以既不能在谓语动词前面加“在/正在”，也不能在谓语动词后面带“着”。例如，以下各句都不能说：*他腾的一下在站起来|*他腾的一下站着起来、*他叭哒一声正在趴在地上|*他叭哒一声趴着在地上、*他扑通一声正在跪在地上|*他扑通一声跪着在地上、*他

① 其实也正因为这些兼属状态动词的动作动词具有一定的瞬间性，所以才能使用“腾的一下、扑通一声”等瞬时性词语来形容修饰它们。

突然一仰正在躺在沙发上|*他突然一仰躺着在沙发上、*他猛地在跪下去|*他猛地跪着下去、*他一下子在钻进去|*他一下子钻着进去、*他突然在坐下去|*他突然坐着下去、*小孩一下正在藏到大人身后|*小孩一下藏着到大人身后。

又由于这类实现情状句的瞬间性和实现性，所以谓语动词后面常可带“了”表示动作的结束、完成。例如，“他腾的一下站了起来”“他叭哒一声趴在了地上”“他扑通一声跪在了地上”“他突然一仰躺在了沙发上”“他猛地跪了下去”“他一下子钻了进去”“他突然坐了下去”“小孩一下子藏到了大人身后”。

又由于瞬间性修饰语的选择限制作用，以及其描述的现实性，所以这类实现情状句既不能使用“过”表示曾经经历过，也不能用时量短语表示动作行为结束后所经历的时间。例如：

*他腾的一下站过起来、*他叭哒一声趴过在地上、*他扑通一声跪过在地上、*他突然一仰躺过在沙发上、*他猛地跪过下去、*他一下子钻过进去、*他突然坐过下去、*小孩一下藏过到大人身后。[①]

*他腾的一下站了起来两秒钟、*他叭哒一声趴在地上半小时、*他扑通一声跪在地上一刻钟、*他突然一仰躺在沙发上一夜、*他猛地跪了下去十分钟、*他一下子钻了进去半天、*他突然坐了下去一小时、*小孩一下藏到大人身后十分钟。

① 这类实现情状句一般可用“曾经”表示曾经经历过，例如“他曾经腾的一下站了起来”、“他曾经叭哒一声趴在地上”等。

（四）八类动词与四种情状

虽然各种句子成分都参与决定句子的情状类属，但是其中谓语动词起的却是核心作用。上节我们着重论述了不同的动词在不同的情状句中的作用，以及它们表现出来的不同的语法形式和时间特征。我们可以看出，如果静态性动词按其静态由强趋弱顺序排列、动态性动词按其时距由长至短顺序排列的话，那么就能够得到一份极为清晰的现代汉语动词的时相结构系统的图表。如下：

静态	关系动词	最具静态
	心态动词	次　静
	状态动词	静中涵动
动态	动作行为动词 心理活动动词 动作动词（兼属状态动词）	无限持续
	终结动词	有限持续
	瞬间动词	非持续

从以上图表可以看出，把现代汉语的动词划分为关系、心态、状态、动作行为、心理活动、动作（兼属状态）、终结、瞬间等八个小类，是有其时相结构的理据的，因而是适当的。

那么，这八类动词与四种情状的对应关系又如何呢？我们看到，有的动词小类只能用于一种情状，有的动词小类则能用于两种或两种以上情状，还有的是几类动词共用于一种情状，等等。这样，它们之间就形成了一种错综复杂的关系，如下图所示：

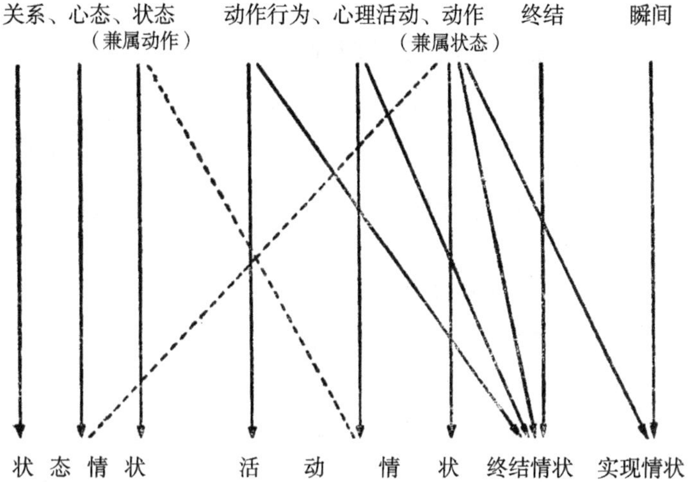

三　现代汉语的时制结构

（一）汉语时制与印欧语时制

世界各种语言无不体现时制，因为通过语言反映的事件总得在一定的时间发生、进行，或在前，或当时，或在后，等等。不过，不同的语言往往采用不同的表达方式或观察方式。① 以下，我们对汉语时制与印欧语时制的异同加以论述。

汉语与印欧语都以说话的时间为基点（绝对基点）从外部观察整个事件发生的时间，因而都得出“过去”（past）“现在”（present）“将来”（future）等时间概念，不过，它们的表达手段却不相同。汉语基本上使用动词以外的时间词语表示（词汇手段），印欧语如英语、俄语等则应用动词本身的形态变化表示（语法手段）。如下：

〔汉语〕

（1）他昨天走的。　　　　　　　　（过去）

（2）我现在休息。　　　　　　　　（现在）

（3）他明天才走。　　　　　　　　（将来）

---

① 阿拉斯加南岸印第安人所说的特林吉特语，许多动词都用不同的音高表示不同的时（tense），例如低调指过去时，高调指将来时（爱德华·萨丕尔《语言论》第4章）。许多印第安语甚至名词都有时（tense）的范畴，用以表示现在、过去或将来存在的事物，如表示“未来的丈夫”“过去的朋友”等（鲍阿斯《美洲印第安语手册·序言》）。以上两例，均转引自赵世开《美国语言学简史》，14页，27页，上海外语教育，1989。

〔英语〕

I speak	（现在时）
You speak	（现在时）
He speaks	（现在时）
I spoke	（过去时）
You spoke	（过去时）
He spoke	（过去时）
I shall speak	（将来时）
You will speak	（将来时）
He will speak	（将来时）

〔俄语〕

Я читáю	（现在时）
Ты читáешь	（现在时）
Он читáет	（现在时）
Я читáл	（过去时）
Ты читáл	（过去时）
Он читáл	（过去时）
Я бýду читáть	（将来时）
Ты бýдешь читáть	（将来时）
Он бýдет читáть	（将来时）

汉语还常以另一参照时间为基点（相对基点）观察事件发生的时间，因而又得出“先事”“当事”“后事”等时间概念。如下：

（4）昨天我到他家时，他离开家好几天了。（先事）

（5）明天我到他家时，他可能在家里等候。（当事）

（6）明天你来我家时，我恐怕还没动身呢。（后事）[1]

（二）汉语时制结构的类型

如上所述，现代汉语时制的表示一般采用的是词汇手段——时间词语，包括时间名词、方位名词、时间短语、方位短语、介词短语等。以上指的主要是另一参照时间。至于说话的时间则由于语言环境或上下文的作用，汉语里有时不须说出，也就是不用词语表示。

现代汉语的时制结构系统，就是由说话时间与事件发生时间、另一参照时间与事件发生时间纵横交错所构成。下面用S代表说话时间，用R代表另一参照时间，事件发生时间不另注明，举例说明时制结构的类型：

（7）昨天我赶到他家时，他却离开家好几天了。
R（先事——过去时）
——对R来说，事件发生在前；对S来说，事件也发生在前。

（8）在小三子赶回去以前，现在她妈妈正在收拾屋子。
R　S（先事——现在时）
——对R来说，事件发生在前；对S来说，事件发生在说话的当时。

（9）等到明天再吃，这些菜就都变质了。
R（先事——将来时）
——对R来说，事件发生在前；对S来说，事件发生

① 其实说话的时间是基本的，每句话都离不了的，例如（4）又是“过去时”，（5）（6）又是“将来时”。可见参照时间和说话时间只是观察角度不同，十分明显，一个事件过程是只能在一段时间内进行的。

在后。

(10)中秋节过后那几天，他还没有离开这里呢。
R　　（后事——过去时）

——对R来说，事件发生在后；对S来说，事件发生在前。

(11)上个月他就说，今天会发生事故的。
R　S　　（后事——现在时）

——对R来说，事件发生在后；对S来说，事件发生在当时。

(12)当你明天动身的时候，我可能还没有动身。
R　　（后事——将来时）

——对R来说，事件发生在后；对S来说，事件也发生在后。

(13)那年冬天，祖母死了，父亲的差使也交卸了。
R　　（当事——过去时）

——对R来说，事件发生在当时；对S来说，事件发生在过去。

(14)现在这个时候，他正在伏案工作。
R，S　　（当事——现在时）

——对R来说，事件发生在当时；对S来说，事件也发生在当时。

(15)下个月中旬，我出差到江南去。
R　　（当事——将来时）

——对R来说，事件发生在当时；对S来说，事件发生在后。

（三）句子的时制结构对时相的选择，对时态的限制

如果从时制词语毫未虚化、尚未成为语法成分而言，那么现代汉语可说是还没有形成"时"（tense）的语法范畴。不过不应忘记，时制作为从词汇范畴的时相过渡到语法范畴的时态的桥梁，是包涵着不少语法因素的。首先，以上所归纳的9种时制结构方式，也就是抽象的语法时制格式；其次，时制结构方式对时相有选择作用；再次，时制结构方式对时态有限制作用。这充分表明，汉语时间系统的三个部分之间的关系是密切的、息息相通的，汉语时间系统是一个由时相、时制和时态共同组成的三维结构。

1. 时制结构对时相的选择

例（7）是"先事——过去时"结构，在这个框架内，句子（事件）属于实现情状，谓语"离开"为瞬间动词，如果改用无限持续动词和活动情状则不被这个框架所容纳，它们往往变成其他时制结构。例如：

〔动作行为动词：活动情状〕

（16）昨天我赶到她家时，她在家哭了好几天了。
R

（先事？当事？——过去时）

〔心理活动动词：活动情状〕

（17）昨天我赶到她家时，她在家里想了好几天了。
R

（先事？当事？——过去时）

如果改用有限持续动词和终结情状则可被这个框架所容

纳。例如：

（18）上个月我赶到她家时，她家的水稻种子改良了好

R

几个月了。

（先事——过去时）

例（14）是“当事——现在时”结构，在这个框架内，句子（事件）属于活动情状，谓语“工作”为动作行为动词，如果改用瞬间动词和实现情状则不被这个框架所容纳，它往往变成其他时制结构。例如：

（19）现在这个时候，他死了。

R，S

（先事——过去时）

如果改用有限持续动词和终结情状则可被这个框架所容纳。例如：

（20）现在这个时候，他们正在改良稻种。

R，S

（当事——现在时）

时制与时相的关系是密切的。一个句子，我们可以从时相的角度或时制的角度分别加以考察，也可以对它们加以综合考察，这样，我们就可以对例（7）—（15）得出如下有关时间系统的分析结论：

（7）句的时间结构是“实现情状：先事——过去时”，（8）句的时间结构是“活动情状：先事——现在时”，（9）句的时间结构是“终结情状：先事——将来时”，（10）句的时间结构是“实现情状：后事——过去时”，（11）句的时间结构是“实现情

状：后事——现在时”，（12）句的时间结构是“实现情状：后事——将来时”，（13）句的时间结构是“实现情状+活动情状：当事——过去时”，（14）句的时间结构是“活动情状：当事——现在时”，（15）句的时间结构是“活动情状：当事——将来时”。

句子的时间结构远不止这些，我们远未列举穷尽，但仅此也可以看出，时制结构与情状类型之间是存在着一定的对应关系的。我们同时还可以指出，时制结构在活动情状中表现最为活跃，在状态情状中表现最不活跃，此外对比而言，“当事”多用于活动情状，“先事”多用于实现情状和终结情状。

2. 时制结构对时态的限制

时制结构对时态的限制是各有不同的，下面依次加以说明。

例（7）是“先事——过去时”结构，在这个结构框架内，谓语动词“离开”后面可以带表完成的“了”，而不能带表经历的“过”。例如：昨天我赶到他家时，他却离开了家好几天了/*昨天我赶到他家时，他却离开过家好几天了。这个框架内当然也不能容纳表起始的“起来”、表继续的“下去”、表将行的“将、要”等，因为如果使用了它们，“先事”就将变成“后事”。

例（8）是“先事——现在时”结构，在这个结构框架内，谓语动词“收拾”已经使用表进行的“正在”，也可以再带上表持续的“着”。例如：在小三子赶回去以前，现在她妈妈正在收拾屋子/在小三子赶回去以前，现在她妈妈正在收拾着屋子。但是这个框架内却不能容纳“了”和“过”，因为如果使用了它们，“现在时”就将变成“过去时”了。

例（9）是“先事——将来时”结构，在这个结构框架内，谓语语动词“变质”可以使用表将行的“将、要”，也可带表完成、实现的“了”（此句已带“了”）。例如：等到明天再吃，这些菜就都变质了/等到明天再吃，这些菜就都要（将）变质了。但是这个框架内却不能容纳“起来”和“下去”，因为如果使用了它们，“将来时”就将变成“现在时”了。

例（10）是“后事——过去时”结构，在这个结构框架内，谓语动词“离开”可以使用表即行的“快要、就要”，也可以使用表将行的“将、要”。例如：中秋节过后那几天，他快要离开这里了/中秋节过后那几天，他准备要离开这里。但是这个框架内却不能容纳“了”和“过”，因为如果使用了它们，“后事”就将变成“先事”了；这个框架也不能容纳“起来”和“下去”，因为起始态和继续态在语义上同“过去时”相矛盾，同时瞬间动词“离开”从时相上说也无法带上它们。

例（11）是“后事——现在时”结构，在这个结构框架内，谓语动词“发生”可以使用“将、要”，因为“将、要”是针对上个月“他”的预测来说的，就“今天”而言则事件仍发生于现在。例如：上个月他就说，今天将/要发生事故。但是这个框架内却不能容纳“了”，因为如果使用了它，“后事”就将变成“先事”了（“过”则由于此句是推测语气，因而根本不能使用）。又由于“发生”的瞬间性质，所以也不能使用“在/正在”或带“着”。

例（12）是“后事——将来时”结构，在这个结构框架内，谓语动词“动身”可以使用表即行的“快要、就要”，也可以使用表将行的“将、要”。例如：当你明天动身的时候，我也快要动身了/当你明天动身的时候，我也要动身了。但是这个框架内却不能容纳“了”，因为如果使用了它，“后事”就将变成“先事”

了（“过”则由于此句是推测语气，因而根本不能使用）。又由于“动身”的瞬间性质，所以也不能使用“在/正在”或带“着”。

例（13）是“当事——过去时”结构，在这个结构框架内，谓语动词“死”后面可以带“了”（原句已带“了”），而不能带“过”（“死”的瞬间性不允许带“过”）。例如：那年冬天，祖母死了/ *那年冬天，祖母死过（“祖母死过好几次”虽能说，但这里的“死”并非真死）。但是这个框架内却不能容纳“快要”和“要”，因为如果使用了它们，“当事”就将变成“后事”了；“死”由于瞬间性质，也不能使用“在/正在”和带“着”。又，谓语动词“交卸”后面可以带“了”（原句已带“了”），也可以带“过”。例如：那年冬天，父亲的差使也交卸了/那年冬天，父亲曾经交卸过差使。但是这个框架内却不能容纳“快要”和“要”，因为如果使用了它们，“当事”就将变成“后事”了；这个框架也不能容纳“在/正在”和“着”，因为如果使用了它们，“过去时”就将变成“现在时”了。

例（14）是“当事——现在时”结构，在这个结构框架内，谓语动词“工作”可以使用“在/正在”（原句已用“正在”），也可以带“着”。例如：现在这个时候，他正在伏案工作/现在这个时候，他正在伏案工作着。但是这个框架内却不能容纳“过”和“了”，“过”是根本不能用（为“现在这个时候”所限），“了”则用后将使句子由“当事——现在时”变为“先事——过去时”了；也不能容纳“将、要”和“快要、就要”，因为如果使用了它们，“当事——现在时”就将变成“后事——将来时”了。

例（15）是“当事——将来时”结构，在这个结构框架内，谓语动词“出差”可以使用“在/正在”，也可以带“着”。例如：下个月中旬，我正出差到江南去/下个月中旬，我正出着差呢。但是这个框架内却不能容纳"了"和"过"，"过"是根本不能用（为"下个月中旬"所限），①"了"则用后将使句子由"当事"变成为"先事"。这个框架之所以能容纳"将、要"，是因为"将、要"是针对说话时刻来说的，而这表达的正是"将来时"；之所以不能容纳"快要"，是为"下个月中旬"所限。

时制与时态的关系是极为密切的。在一定的时制结构框架内，只能表现某些时态，而不能表现其他时态，它们之间具有一定的对应关系。有的时候，改换了时态成分，句子的时制结构也就改变了。例如，（8）（10）（11）（12）（14）（15）各例用上了"了"或"过"（有的句子则根本不能用"过"），则后事和当事均变为先事，现在时均变为过去时；（7）（9）各例用上了"起来""下去"，则先事变为后事，将来时变为现在时；（7）（13）（14）各例用上了"将、要"和"快要、就要"，则先事和当事均变为后事，现在时变为将来时。由此可见，一定情况下"了"和"过"常同过去时联系着，"起来""下去"以及"着"常同现在时联系着，"将、要"和"快要、就要"常同将来时联系着。

这样看来，早期认为汉语有表"时"的语法范畴，并把"着、了、要"定为现在、过去、将来三时的语法成分，这固然不对；但是，后来认为"了、着、过"只是表示"态"（aspect）、根本不能表示"时"（tense），则又未免太绝对了。事实上，"时"和"态"虽然是两个不同的时间概念，但却都是时间系统的一

① "过"的使用颇受限制，频率远比"了"低。据北京语言学院《现代汉语频率词典》的统计，"了"仅次于"的"高居第2位，"过"则居第138位。又，"着"的使用频率也远比"过"高，居第12位。

个方面，常有重合交叉之处，它们的密切关系可以图示如下：

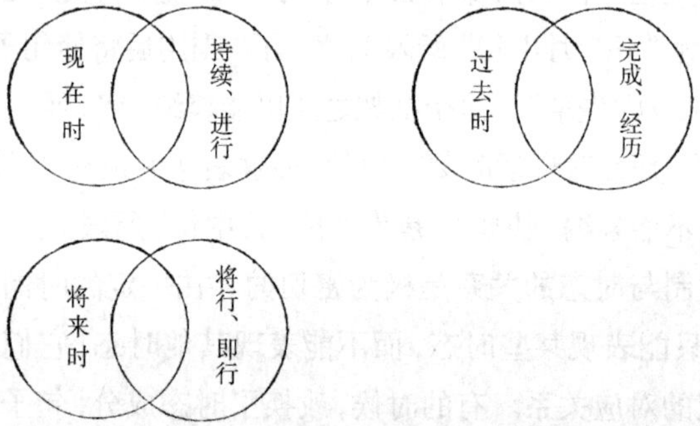

因此，一个句子既可以从时相或时制或时态分别加以考察，也可以对它们作综合的考察；既要注意它们的区别，又要注意它们的对应关系以及重合、交叉之处。这样，我们对汉语时间系统的三维结构的认识将进一步提高，对汉语时间表达的应用水平也将进一步提高。

四　现代汉语的时态结构

（一）现代汉语的时态语法范畴

1. 什么是时态？

一般认为，印欧语的时间表现偏于时制，汉语的时间表现偏于时态。王力先生指出："时间的表现，大多数族语是有的，然而各族语对于时间的看法却不相同。大致说来，人们对于事情和时间的关系：第一，着重在事情是何时发生的，不甚问其所经过时间的远近，或长短；第二，着重在事情所经过时间的长短，及是否开始或完成，不甚追究其在何时发生。前者可以罗马语系（法语，意大利语，西班牙语等）为代表，后者可以中国语为代表。"① 这就是说，欧洲人习惯从外部观察整个事件发生的时间，中国人则习惯深入过程内部观察其各个阶段的情况。

那么，究竟什么是时态呢？

王力先生认为："凡时间的表示，着重在远近，长短及阶段者，叫做情貌。""它们是表示事情的状态的。"②

吕叔湘先生认为，动相指"一个动作的过程中的各种阶段"，就动相而言"时间观念已经融化在动作观念里"。③

高名凯先生认为"'态'则着重于动作或历程在绵延的

①② 王力《中国现代语法》，商务，1943。

③ 吕叔湘《中国文法要略》228 页，商务，1982 新 1 版。

段落中是如何的状态，不论这绵延的段落是在现在，过去或将来”。[1]

张志公先生认为：“所谓动态，是指动作行为、发展变化的进展情况，如开始或未开始，完成或未完成等。”[2]

李临定同志认为：“‘体’是动词所体现的另一种重要语法范畴。它通常是指，在语流中，动词所显示的动作行为在进程中所处不同阶段的状态。”[3]

我们觉得，时态与时相、时制一样，不仅同动作行为有关，而且同情状有关，也就是不仅同动词有关，而且同整个句子有关。因此，我们给时态下的定义是：

时态表现事件（event）处于某一阶段的特定状态。

时态的观察角度可以是各种各样的，既可以从事件发生前观察，也可以从事件过程中的各个阶段观察，还可以从事件完成后观察，等等。例如下图的A、B、C、D、E各点都可以作为观察的点：

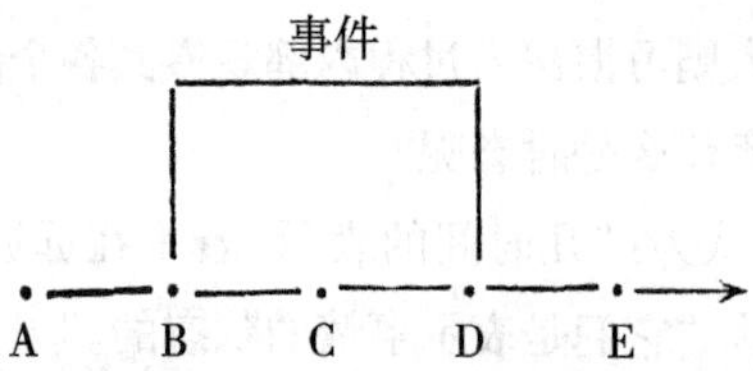

如果从A点观察，事件处于未然态；从B点观察，事件处于起始态；从C点观察，事件处于进行态或持续态；从D点观察，事件处于终结态即完成态；从E点观察，事件处于经

① 高名凯《汉语语法论》，开明，1948。

② 张志公主编《现代汉语》，人民教育，1982。

③ 李临定《现代汉语动词》，中国社会科学，1990。

历态。

现代汉语的时态成分颇为丰富多样，是汉语长期历史发展演变的结果，充分反映了汉语的本质特点。因此，对它进行分析研究，归纳它的各种表达手段，建立时态的表达系统，不仅可以进一步认清汉语的结构特点，而且对今后的语法研究也将产生启迪的作用。

2. 汉语的时态与印欧语的时态

法国语言学家梅耶（Antoine Meillet）认为，古代印欧语只有体的语法范畴而无时的语法范畴，后来才从体中产生出时来。因此时和体总是糅和在一起，成为一个时体系统，很难截然分开。下面就以形态已经简化的现代英语为例：

work	（现在时一般态）
am working	（现在时进行态）
have worked	（现在时完成态）
worked	（过去时一般态）
was working	（过去时进行态）
had worked	（过去时完成态）
shall work	（将来时一般态）
shall be working	（将来时进行态）
shall have worked	（将来时完成态）

很明显，印欧语主要通过动词的形态变化来表示时和态，也就是说，它的时和态都是通过动词的形态变化来表示的，在这个意义上，我们似乎可以认为二者是相结合着的。

现代汉语则完全不同，它缺乏形态变化，时和态不由动词的形态统一表示。汉语的时和态虽然也存在密切关系，但两者并不糅和在一起，时态已由虚化的语法成分表示，时制成分则由句中的实词充当，在这个意义上，似乎也可以认为二者是分离的。

与印欧语相比较，现代汉语的时态系统是颇具特色的。首先，经过漫长历史时期的演变，现代汉语已经拥有表现各种时态范畴的专用语法标记——时态助词“了、着、过”，以及类似专用时态标记——准时态助词“起来、下去”，这些时态助词都是由实义动词逐渐虚化而成的；其次，有一些通常所谓的时间副词，经过慢慢地演变虚化，程度不等地具有了表达时态的功能，例如“曾经、已经、正在、将要”等；[①] 最后，句子末了的语气词“了”和“来着”，也常常用来表示时态。[②]

必须指出，原始汉藏语的动词也许同印欧语的动词一样，时和态由形态统一表示，这点可以从古藏语动词“填充”的形态变化中得到证明：

hgeás — pa	（现在式）
bkań	（完成式）
dgań	（将来式）

同样地，从现代汉语某些方言中也可以得到若干佐证：

〔粤方言〕

① 吕叔湘先生指出：“在后一种表现法，时间观念已经融化在动作观念里，‘将’、‘方’、‘已’等字离开动词是没有显明充实的意义的。我们说，这些限制词所表示的不是‘时间’，是‘动相’，一个动作的过程中的各种阶段。”（《中国文法要略》，商务，1982。）

② 有些学者也有类似的观点。吴为章指出：“现代汉语中表示时态的手段不止是时态助词。‘起来’、‘下去’，动词的重叠形式，能愿动词，时间副词等等，都有表示时态的作用。”美国郑良伟指出：“时态很有系统地表达于汉语的句法里，由副词，助动词，动词词尾，句尾词表达。”

ŋɔ^{13} ʃɪk^{22} la^{33}　　　　（我吃啦）

ŋɔ^{13} ʃɪk$^{22}_{35}$ la^{33}　　　　（我吃过啦）

——以上是用声调的变化来表示时态的，ʃɪk 声调由 22 变为 35，表示动作已经完成。

〔陕西商县话〕

吃 tʂʻʅ^{21} —— 吃 tʂʻəː^{3231}　饭啦（吃了饭）

起 tɕʻi^{53} —— 起 tɕʻiɛː^{5231}　床啦（起了床）

赔 pʻei^{24} —— 赔 pʻæː^{2141}　本啦（赔了本）

抓 tsɥa^{21} —— 抓 tsɥaː^{3231}　一把泥（抓了一把泥）

——以上是使韵母延长或元音开口度变大来表示时态的，这是形态的内部屈折在动词里的一种表现。

〔江苏泰兴话〕

睡 a 一觉　　　（睡了一觉）

念 ŋa 五遍　　（念了五遍）

踢 ka 一脚　　（踢了一脚）

——以上是利用动词的衍音来表示时态的，这个衍音由于连音变化，在开尾或元音尾韵后面读a，在鼻尾韵后面读ŋa，在入声韵后面读ka，是个轻音节。①

3. 现代汉语的时态与现代藏语等的时态

与印欧语、汉语相比，和汉语同源的藏语则处于中间状态，介乎结合型与分离型之间。藏语的时制、时态表示是一种历史现象，有着自身的演变过程。它最初存在的是屈折形式（二者

① 以上粤方言、陕西商县话和江苏泰兴话的例子都引自詹伯慧主编《汉语方言及方言调查》12 页、273 页、274 页，湖北教育，1991。

相结合），后来又产生了分析形式（二者相分离）。在古代藏语里，由于动词词根音素的屈折变化和形态成分的屈折变化直接表达时制和时态，因此，虽然也有所谓时态助词，但多半只是作为辅助手段而存在的。在现代藏语里，则动词的屈折形态已经简化，大都丧失了表达时制和时态的语法意义的功能，必须借助其他手段，例如时态助词、语气助词、辅助动词，共同构成时制、时态的表达系统。[①]

汉语和藏语同属汉藏语系，因此有不少类型上的共同点。不过，就现代汉语和现代藏语的时态表达系统而言，两者虽然都是分析形式，却仍然存在着区别。

藏语的表示时态的成分都放在动词的后面，例如附加成分和辅助动词，可以统称为“后加成分”。例如：

（1）进行时态

ŋa˩ lɛˀ˩ ka˥ tɕheˀ˩ ki˥ jøˀ˧˥˩.　　我在做工作。

（ki 是附加成分，jøˀ 是辅助动词）

（2）将行时态

ŋa˩ lɛˀ˩ ka˥ tɕheˀ˩ ki˥ jĩ˩.　　我将工作。

（ki 是附加成分，jĩ是辅助动词）

（3）即行时态

ŋa˩ pe˥ tɕha˥ ta˥ tʂɔ˩ jøˀ˩.　　我就要看书了。

（tʂɔ 是附加成分，jøˀ 是辅助动词）

（4）未行将行时态

ŋa˩ pe˥ tɕha˥ ta˥ cu˩ jĩ˧˥˩.　　我就要看书。（现在没有看但就要看）

（cu 是附加成分，jĩ是辅助动词）

① 参阅胡书津《简明藏文文法》下册 78—94 页，云南民族，1987。

（5）已行时态

ŋa˩ kha˥ la ʔ˩ sɛ ʔ˩ pa jĩ˩˥.　　　　我吃了饭。

（pa 是附加成分，jĩ是辅助动词）

（6）刚过时态

ŋa˩ kha˥ la ʔ˩ sa˩ tʂɔ˩ jĩ˩˥.　　　　我刚吃过饭了。[①]

（tʂɔ 是附加成分，jĩ是辅助动词）

汉语的表示时态的成分有的放在动词的后面，例如时态助词“了、着、过”、虚化的趋向动词“起来、下去”[②]和句末语气词“了、来着”；有的放在动词的前面，例如一部分所谓时间副词“已经、曾经、正在、将要、就要”等等。汉语与藏语不同，时态表示不仅常常应用“后加成分”，也常常应用“前加成分”，相对而言，汉语似乎前加成分更为发达些。例如上面例（1）（2）（3）（4）（5）（6）藏语使用后加成分表示各种时态，如果是汉语则例（1）（2）（3）（4）（6）必须改用前加成分（“在、将、就要”）和时间副词“刚”表示，例（5）也可以改用前加成分“已经”（同时还必须使用后加成分“了”），说成“我已经吃了饭”。

汉语的这些前加成分就是通常所谓时间副词，其实按其性质和作用，应视为“时态副词”。[③]与汉藏语系的其他语言比较，这些语言经常使用助词等成分表示时态，汉语则多半使用副词来表示。例如：

纳西语	汉语
ndzɯ˧ bɯ˧（将行态） 吃　（助词）	将要吃 （副词）

① 参阅金鹏《藏语简志》43—56 页，民族，1983。

② 这类虚化的趋向动词性质和作用都类似时态助词，可以视为准时态助词。

③ 陆俭明、马真也认为：“其实，通常所说的时间副词，大多不表示‘时’，而表示‘态’。”（《现代汉语虚词散论》106 页，北京大学，1985。）

ndzɯ˧ ne˩ （进行态） 正在吃
吃 （助词） （副词）

ndzɯ˧ dʑi˧ （已行态） 曾经吃过
吃 （助词） （副词）

ndzɯ˧ se˩ （完成态） 已经吃了[①]
吃 （助词） （副词）

以上值得注意的是:(1)汉语副词“将要”和“正在”是必有成分,因为如果没有它们便不能表示这种时态,而副词“曾经”和“已经”则只是可有成分,因为没有它们还可以由助词“过”和“了”表示这种时态;(2)纳西语不仅有时态助词,也有通常所说的时间副词,不过由于它的各种时态主要已由助词表示,因而时间副词一般也就不再具有表达时态的功能了,例如:“ə˩ʑi˧ tshɯ˩ mv˩”“phu˥ ne˩ ndʑi˧”。[②]
现在(副)来 的 赶 快(副) 走

又如:

彝 语	汉 语
tshɿ˧ la˧ mi˦ o˦. 他 来 （助词） 了 （将行态）	他要来了。 （副词）
ma˧ ha˧ dʑi˩ ta˧. 雨 下 （助词）	雨下着。
ŋa˧ thɯ˩ ʐɿ˧ hɯ˩ kɯ˧ ta˧. 我 书 看 （助词） （进行态）	我正看着书。 （副词）

① 参阅和即仁、姜竹仪《纳西语简志》49页,民族,1985。

② 藏语也有时间副词,也是由于各种时态主要已由助词、辅助动词、附加成分甚至残存的屈折形态表示,因而时间副词一般也不再用来表示时态。

dzɯ˧ o˦ da˩? 已经吃了吗?
吃 （助词） 吗 （副词）
（已行态）

ŋa˧ hi˩ ta˧ o˦. 我说过了。
我 说 （助词）了
（完成态）

ve˥ ga˧ gu˥ n̥i˧ [m̩(u)˧ ta˧]. 衣服还没有缝完。[①]
衣 服 缝 （助词） （副词）
（未完成态）

这样，我们把这些少量的时间副词改称为时态副词是可以成立的。除了理论上可以作出说明外，我们还有现代汉语方言的若干佐证。例如，江西南昌话既常说"我在吃饭"，也可以说成"我吃着饭在"，既常说"亲戚还在走"，也可以说成"亲戚还走到在"；广东海丰话既常说"伊食恁（着）饭"，也可以说成"伊恁食饭"。[②] 以上说明时态副词与时态助词不但关系极其密切，而且有的还可以相互转化。

（二）汉语时态成分是历史的产物

汉语经过漫长时期的历史演变，终于形成了独特的时态表达系统。它的这个时态表达系统由各种时态成分围绕着谓语动词共同构成。依据动词的情状类别语义的要求，确定选用什么样的时态成分。例如，静态动词一般不能带"着"，更不能在前面加"正在"（*姓着、*正在姓、*等于着、*正在等于）；而

① 参阅陈士林等《彝语简志》91—93页，民族，1985。

② "恁"（niŋ˩），海丰话中的时态助词，相当于普通话中的时态助词"着"。参阅杨必盛、陈建民《海丰方言动词的态》，《语言研究》1984年第2期。

动作行为动词则既可以带“着”，也可以在前面加“正在”（走着、正在走、看着、正在看）。汉语时态表达系统的层次构造是：

{〔副+（〈动〉+助）〕+语}①

在这个时态表达系统中，除了共同表达时态外，各类时态成分的情形并不完全相同。

1. 时态助词“了、着、过”的历史演变②

时态助词“了、着、过”已经成为表示时态的纯语法标记了，它们虚化得最彻底，形成得也最早。

【了】

“了”大约自汉朝开始作动词，有“终了”“了结”“完结”“完毕”等义；魏晋时代开始跟在动词（动+宾）之后，充任完成义的结果补语；大约从中晚唐起，表示完成义的动词补语“了”逐渐虚化，开始用为表示抽象语法意义的时态助词，它的位置也从动宾之后往前移到动宾之间，形成“动（形）+了+宾”的句式；宋代以来，时态助词“了”获得了广泛的使用。

“了”取得专门表示完成时态的地位经历了曲折复杂的过程。一方面，“了”是战胜先期形成的时态助词“却”并取而代之的。“却”作动词有“退”“去”等义，自汉以后常用在动词之后充任趋向补语，南北朝时“却”由表示趋向演变为表示一种带趋向性的动作结果，充任具有“掉”义的结果补语，大约初唐时“却”由表完成义的补语虚化成表完成时态的助词。由此

① 从语气表达的角度看，“了、来着”无疑是附着在整个句子上面的，但是，如果只从表示情状时态的角度看，则也可以认为它们是附着在整个动词短语上面的。

② 这部分的论述，请参阅：《王力文集》第十一卷 121—134 页，山东教育，1990；曹广顺《〈祖堂集〉中的“底（地）”“却（了）”“著”》，《中国语文》1986 年第 3 期；杨伯峻、何乐士《古汉语语法及其发展》651—658 页，语文，1992。

可见，时态助词“却”的形成至少要比时态助词“了”的形成早一百年。那么，“了”是怎样战胜“却”并取而代之的呢？原来中晚唐以来“了”与“却”长期并存竞争，但由于“动+了+宾”句式的广泛使用，不但打破了“却”的一统天下，而且扩大了“了”的影响，这样就为“了”战胜“却”准备了条件，终于到了南宋中晚期“了”就取代了“却”。

另一方面，从魏晋时起表示完成义的动词“已、讫、毕、竟”等就与表示完成义动词“了”一样，跟在动词谓语之后充任其补语，开始的时候使用“了”的情况较少，使用“已、讫、毕、竟”的情况较多，唐代以后则转变为以用“了”为主。尤其是中晚唐以后完成义补语“已、讫、毕、竟”已经很少见了，这说明当时已基本完成了向完成义补语“了”的归并，从而促使时态助词“了”的最终形成。

【着】

“着”的情形与“了”类似。“着”在先秦即用作动词，有“著衣”“附着”等义，时态助词“着”是从附着的“着”演变来的；从南北朝到唐代，“着”开始跟在动词（动+宾）之后充任表结果的补语，含有“在、到”的意思；唐代以后，“着”的意义逐步虚化，紧附于动词之后，开始用为表示抽象语法意义的持续态的时态助词；至于表示进行态的“着”，则始于北宋时期，盛行于宋元时代。

【过】

“过”的情形也相似。“过”原来也是动词，意为“经过”，即指从甲处到乙处的动作；先秦两汉时期，“过”就跟在动词后面充任结果义的趋向补语，含有“完毕”义；唐代“过”的意义开始虚化，仅表示行为成为过去，即只是表示一种经历，不过这种用法当时还处于萌芽状态；到了宋代，“过”的这种用法就逐渐多起来了，应该说，只有到这时时态助词“过”才最终地形成。

现代汉语中，“了(liǎo)、完、掉、成、好、着(zháo)、住、到”等跟在主要动词之后虽然也有一些表示时态的意味，但它们是以词汇意义的方式来表现的，并未虚化为表示时态语法范畴的语法手段。其实换一个角度看，也未尝不可以说“了、着、过”原来也是这些表示时态的词汇手段中的成员，后来它们在众多的词汇成分中脱颖而出，被人们广泛应用，经过长期演变虚化而成了目前唯一的专门时态标记。

2. 准时态助词“起来、下去”的历史演变①

准时态助词“起来”“下去”虚化得远不如“了、着、过”那么彻底，形成时期也远比它们晚。有的时候，当“起来、下去”仍有表示趋向的实在词汇意义及用法时，我们应当将其归属于趋向动词。②

【起来】

“起来”原是动作动词，这种动作或由躺而坐，或由坐而站，是一种向上的动作；大约晚唐五代，“起来”开始跟在动词(动+宾)之后充任补语，表示由低往高的动作行为的趋向以及某些引申的意义；从宋代、特别是元明以来，“起来”的意义逐

---

① 这部分的论述，请参阅：钟兆华《趋向动词“起来”在近代汉语中的发展》，《中国语文》1985年第5期；《王力文集》第十一卷134—135页，山东教育，1990；潘允中《汉语语法史概要》237—243页，中州书画，1982；杨伯峻、何乐士《古汉语语法及其发展》635—640页，语文，1992。

② 它们作趋向动词时念本调，作时态助词时念轻声。时态助词“了、着、过”也念轻声，这是这类词的共同特征。

渐虚化，除动词外又可跟在形容词甚至某些代词之后，开始用来表示起始时态，向上往往意味着发生、发展、开始，所以从中发展抽象出起始态是自然的。

【下去】

“下去”原是动作动词，指由高处到低处去；大约比“起来”稍晚，“下去”也跟在动词（动+宾）之后充任补语，表示由高往低的动作行为的趋向以及某些引申的意义； 由于“起来”的类化作用，从明代后期，“下去”的意义也逐渐虚化，除动词外又可跟在形容词之后，至清代最终形成为表示继续态的成分，下去往往意味着继续进行，所以从中发展抽象出继续态是自然的。

准时态助词“起来”“下去”的形成也是经过并存竞争的。我们知道，双趋补语在汉代已经存在，经魏晋南北朝而迅速发展，到唐代就日趋稳定和完善了，双趋补语有：上去、过去、归去、出去、进去、开去、入去、回去、下去、出来、下来、过来、开来、入来、起来、进来、上来。“起来”“下去”就是在众多的双趋补语中因适应了语言交际的需要而脱颖而出，最终地形成为准时态助词的。

3. 时态语气词“了、来着”的历史演变[①]

句末语气词“了、来着”一方面表示句子的陈述等语气，另一方面表示实现（变化）态和近经历态。从发展上来看，它们也可以看做表示时态的语法手段，它们虚化得也较彻底，形成得也较早。尤其是时态语气词“了”，几乎与时态助词“了”同

① 这部分的论述，请参阅：曹广顺《语气词“了”源流浅说》，《语文研究》1987年第2期；吕叔湘《中国文法要略》231—232页，商务，1982新1版；太田辰夫《中国语历史文法》361—362页，蒋绍愚、徐昌华译本，北京大学，1987。

时形成。

【了】

时态语气词“了”最初与时态助词“了”同出一源，原来也就是动词“了”（终了、了结、完结、完毕），魏晋开始用于“动（+宾）+了”句式。中晚唐以后受到“动+却+宾”格式广泛使用的影响，一方面“了”字逐渐虚化并位置前移从而出现了“动+了+宾”句式，另一方面“动（+宾）+了”与“动+却+宾”两种句式并存融合，从而在晚唐五代造成了一种新的句式——“动+却+宾+了”。这种新句式的产生，使句末的动词“了”向句末语气词“了”演变。到了宋代，“动+却+宾+了”成了常见的句式，从两个不同的重点来重复表达完成的语义，既有“却”表示动作的完成，又有“了”表示变化的实现。因此，当北宋尤其是南宋中晚期时态助词“了”终于取代了“却”从而出现了“动+了+宾+了”句式时，时态助词“了”与时态语气词“了”也就正式分开并最终地各自形成了。[1]

【来着】

“来着”是由“来”产生的。“来”原为动词，指从别的地方来到说话人所在地方的动作行为，开初单独用为谓语；后来与其他动词连用（“来”常位于句末），“来”在表意上成为次要的，意义逐步虚化；唐五代“来”终于开始成为时态语气词，这个“来”在宋元明各代一直被广泛使用；直到清代，“来”才变成为“来着”。据我们考证，《儿女英雄传》中“来”和“来着”混用，而以“来着”居多，这表明它正处于过渡阶段。

从凡有“来着”的句子必为过去发生的事件来看，“来着”

---

① 以下将把时态助词“了”标记为“了$_1$”，把时态语气词“了”标记为“了$_2$”。

具有回溯往事意味，简直可以认作过去时的标记，归属于"时"的语法范畴。但是它不只表示事件已经过去而且表示事件在不久前发生过（有表经历时态的功能，与"过"相似），同时句子用上它后动词谓语就不再带时态助词"了、着、过"，可见还是将它归属于"态"的语法范畴为宜。

4. 一些时态副词的历史演变[①]

所谓时态副词的情形最为错综复杂，它们目前正在从表示具体时间的副词中演变出来，虚化的程度也各不相同。"曾经（曾）、已经（已）、正在（正、在）、将要（将、要）"虚化程度较高，比如"曾经"可表经历时态，"已经"可表完成、实现时态，"正在"可表进行、持续时态，"将要"可表将行时态，几乎是专职式地一个词表示一种时态，似乎可以看作是专门的时态表达手段了。"就要（就）、快要（快）、即将"（即行时态）则虚化程度较低，因为它们不但还保存着若干词汇意义，而且还有不少实义时间副词——马上、立便、立地、立时、立刻、立即、即刻、即时、即便、登即、登时、当即、随即、旋即——可以用来表示与它们同样的时态语义，据此，我们不妨把它们看作是准时态副词。

【曾经】

先秦两汉，"曾、尝"等表示曾经发生过某种动作行为的时间副词就使用开了。后来"曾"和"经"常常连用，至少在唐代"经"的意义开始丧失，从而"曾经"与"曾"意义相同，演变成

---

① 这部分的论述，请参阅：杨伯峻、何乐士《古汉语语法及其发展》227—269页，语文，1992；赵克诚《近代汉语语法》127—144页，陕西师范大学，1987。

一个双音节词了。自那以后，在宋元明清各代，“曾、尝、曾经”都被广泛地使用着。只是到了现代汉语里，“尝”作为纯文言词退出了日常交际，“曾”也作为文言词只用于某些语体和场合，这样，“曾经”就几乎成为现代汉语表达经历时态的唯一副词了，把它归入时态副词看来是有道理的。

由于“曾”在现代汉语的某些语体和场合中仍在使用，似乎可把“曾”看作是“曾经”的变体或补偿手段，因此，也可以把“曾经”和“曾”都归入表过去经历的时态副词。

【已经】

早在先秦时代，“已、业、业已”等表示动作行为已经完成的时间副词就开始使用了，到汉代即广泛使用；由“已”和“业”复合而成的“已业”，则至少在汉代也已开始使用。“既”表示动作行为已经完成则由来已久，早在先秦时代就经常使用了。“已”和“经”连在一起使用至少始于唐代，历经宋元明各代而不衰，至于“经”的意义丧失从而“已经”义同于“已”，演变成为一个双音节时态副词，那似乎是清朝甚至晚清的事情了。

在现代汉语里，“已业”一词从未使用，它可能在近代汉语里就逐渐死亡了；“既、业”作为纯文言词也已退出了日常交际；“已、业已”则作为文言词，也只用于某些语体和场合了。这样，就只有“已经”是表达完成时态的唯一的副词，看来把它归入时态副词是顺理成章的。另外，“已”作为“已经”的变体，似乎也可归入时态副词之列。

【正在、正、在】

早在汉代，“正”这个时间副词就已开始使用，到了南北朝以后，它多半表示动作行为正在进行着。“方、方将”早在先秦两汉就开始表示正在进行的动作行为，可是这种用法在现代汉语里消失了。在宋元时代，“正在”开始使用，表示动作行为正在进行。“正、正在”的这种用法一直延续到现在。“在”表示动作行为正在进行很晚，《儿女英雄传》中尚未见，似乎直到现代汉语才出现，“在”也许是“正在”的省略。

就现代汉语而言，“在”和“正在”的使用频率较高，“正”则使用频率很低。[①] 从发展趋势看，我们认为把“正在”视为表进行时态的副词的正体，把“在”和“正”视为其副体，是可以成立的。

【将要、将、要】

“其”是一个古老的表将来的时间副词，早在殷周时期就开始使用，南北朝时期的著作中还能见到它，但“其”的这种用法，近代汉语里就已经消失了。“将”表事件发生于将来也很早，先秦时即常用了，它的这种用法一直延续到现在；[②]“要”表事件发生于将来则较晚，似乎是南北朝时期才用开的，它的这种用法也一直延续到现在；至于“将”和“要”复合成双音时间副词那就非常晚了，我们在《儿女英雄传》中发现了它，“将要”在现代汉语里常用来表示事件发生的将行时态。

“行将”和“行当”表示将要至少在汉代就开始了，这种用法一直延续到中古，可是同“行”一样，在近代汉语中却消失了。

“方”表示将要至少在汉代就开始了，可是“方”始终主

---

① 据北京语言学院《现代汉语频率词典》的统计，“在”居 221 位，“正在”居 481 位，至于“正”则远在八千常用词外。

② “将”在古代还有表即行时态（就要，快要）的用法，但是现代汉语里早已不复存在了。

要表示“才、刚、刚刚”等意义，因此它的表将要的用法敌不住“将”的竞争而终于败退了；“欲”表示将要也至少在汉代就开始了，可是“欲”始终是作表希望、想要、打算的动词用的，因此它的表将要的用法也就竞争不过“将”。在现代汉语里，“方”和“欲”的表将来的用法，都只出现在文言著作和成语中。

近代汉语中，表将来的双音时间副词本来是“将次”和“将待”，前者见于《五代史平话》《老乞大》《水浒传》《金瓶梅》各书，后者见于《金瓶梅》。也许是因为“将次”另有逐渐地接近或到来之意，“将待”的“待”另有“等待、打算”之意，所以到了晚清，它们终于被更为虚化的“将要”所取代。这样，现代汉语中，“将要”也就成了表示将行时态的唯一表达手段了，至少就双音词而言是如此。

【就要、快要、即将】

上古汉语表即行常用时间副词“行”和“且”，前者这种用法一直延续到中古，但在近代汉语中就消失了，后者则早在中古就消失了。近代汉语表即行常用时间副词“就待”，但这种用法未能延续下来，现代汉语常用的是“就要”。

现代汉语中表即行时态的副词有“就要”“快要”“即将”三个，前两个是在“要”的基础上形成的，后一个是在“将”的基础上形成的。“就”在近代汉语中多为介词或“就便”之省，但在《水浒传》中也偶尔发现时间副词的用法，至于“就”与“要”复合成双音时间副词也是非常晚的，我们在《儿女英雄传》中发现了它；“快”在近代汉语中都是形容词的用法，表即行的时间副词“快”和“快要”很可能都是现代汉语的词，因为我们在《红楼梦》甚至《儿女英雄传》中都没有发现它们的踪迹；

"即"的时间副词的用法早在上古就用开了，并且一直延续到了近代，至于"即"与"将"复合成双音时间副词却可能是现代的事，因为《红楼梦》甚至《儿女英雄传》中都没有发现它的踪迹。

表即行的"就要""快要""即将"目前并存于现代汉语中，它们之间既存在互补关系，又展开竞争。如果将来有一天某个词战胜了，单独表示即行时态，那么届时我们就可以认为它是专职的时态副词，即虚化的语法表达手段了。

这里再补充说明一点，准时态副词"就要、快要、即将"与时间副词"马上、立便、立地、立时、立刻、立即、即刻、即时、即便、登即、登时、当即、随即、旋即"的不同，除了意义的虚、实之外，还有前者多表情状的未然，后者则多表情状的已然。

(三)各种时态成分的默契配合

在现代汉语的这个时态表达系统中，各种时态成分应用灵活，配合默契：有时它只使用后加成分，有时它只使用前加成分，有时则两者配对使用，还有时甚至时态成分不出现，成为隐含的成分；有时它以前加成分为主，有时它以后加成分为主，有时它以一个为必有成分而以另一个为可有成分，有时则两者均为必有成分。汉语这样用的时候，一般都得心应手，顺乎自然，并不像印欧语言那样拘泥于形式，一使用就非把全套都搬出来不可。汉语的时态表达，也从一个方面反映了汉语"结构独特，灵活多变，颇多隐含，着重意念"的本质特点。①

下面，我们以"已经——了$_1$——了$_2$——"这一组成分为

① 参阅拙著《中国语法学史稿》356—358页，语文，1987；拙文《汉语特点与中国语法学的研究》，《汉语学习》1988年第6期。

例，依次设时态副词为A，时态助词为B，时态语气词为C，可以看到它们的隐现情况将是各式各样的：

（1）这道数学题我已经会做，（不必你教。）

——（A——）

（2）这道数学题我已经会做了。

——（A—C）

（3）这道数学题我会做了。

——（——C）

（4）我做了这道数学题，（你做了哪道题？）

——（—B—）

（5）我已经做了这道数学题。

——（AB—）

（6）我已经做了这道数学题了。

——（ABC）

（7）我做了这道数学题了，（你还不知道？）

——（—BC）

（8）这道数学题我会做，（不必你教。）[①]

——（———）

（四）各家对现代汉语时态的划分

由于现代汉语的时态成分是历史发展的产物，虚化程度各不相同，而且有些词汇成分也具有一定的时态意义，又由于各家的立论基础和观察角度的不同，所以，各家划分的时态也

---

① 这就是所谓“零形式”或“零形态”，汉语中较为常见。在一定的语境和上下文中，这些零形式的句子的时态是可以确定的。

往往不同。当然，它们是异中有同，有不少时态是各家都提到的。

以下我们依次介绍代表性学者的论点：

1. **王力**（中国现代语法，1943）

王力把“时态”称为“情貌”，他认为：“就普通说，情貌是在叙述句里才有的。如果描写句或判断句加上了情貌的表示，也就带着多少叙述性。”

王力把情貌分为7种，即（1）普通貌；（2）进行貌；（3）完成貌；（4）近过去貌；（5）开始貌；（6）继续貌；（7）短时貌。其中第（1）种是不用情貌成分表示的，第（2）种—第（4）种是用情貌成分表示的，第（5）（6）两种是用末品补语表示的，第（7）种是用动词复说表示的。

7种情貌具体叙述如下：

（1）普通貌——不用情貌成分，即不把时间观念掺杂在语言里，只让对话人（或读者）自己去体会。例如：

袭人明知其意。

（2）进行貌——凡表示事情正在进行中者，叫做进行貌。此类用词尾“着”表示。例如：

凤姐正数着钱。

凡某一种行为有相当的持续性者，也可以用进行貌。例如：

那只手仍向窗外指着。

（3）完成貌——凡表示事情的完成者，叫做完成貌。此类用后附号“了”字表示。例如：

邢夫人拉他上炕坐了，方问别人。

谁知二爷倒错会了我的意？

（4）近过去貌——凡表示事情过去不久者，叫作近过去貌。此类用词尾“来着”二字，放在句末。例如：

我方才……又打发人进去让姐姐来着。

（5）开始貌——凡表示事情正在开始者，叫做开始貌。此类借用使成式，以“起来”为末品补语。例如：

越发伤心大哭起来。

（6）继续貌——凡表示事情继续下去者，叫做继续貌。此类也借用使成式，以“下去”为末品补语。例如：

你这样办下去，一定会有成绩的。

（7）短时貌——凡表示时间极短者，叫做短时貌。此类用动词重叠起来。例如：

你要记得，何不念念，我们听听？

若要加倍表示时间之短，可加“儿”字于动词之后。例如：

不过觉得身子略软些，睡睡儿就起来了。

2. 吕叔湘（中国文法要略，1944）

吕叔湘把“时态”称为“动相”，他认为：“假如我们要表示一个动作的时间性，我们可以用种种时间词来表示那些时间……我们又可以用一些限制词如‘将’、‘方’、‘已’等，来表示那个动作本身是将要发生，或正在进行，或已经完成。……这些限制词所表示的不是‘时间’，是‘动相’”；白话里另发展出了一些专用词，“把各种动相表示得更加细密”；“动作的次数，一方面和‘量’的观念有关，一方面也和‘时’的观念有关，也是一种‘动相’。”

吕叔湘把动相分为三大类共 13 种。第一大类是使用限制词表示的，又分为3种。例如：

（1）动作之将有：

要下雨了，咱们得赶快点儿。

（2）动作正在进行：

我正在给他写信呢。

方求举于礼部，作《日喻》以告之。

（3）动作已经完成：

不知东方之既白。

第二大类是使用白话里新发展出来的一些专以表示“动相”为作用的词，它们意义空洞，已经近于词尾，又分为6种。例如：

（4）方事相——表示动作正在持续之中，动相词用“着”。和“正在”合用的时候，语势重些，单用的时候轻些。例如：

坐定了便目不转睛的看着安太太。

（5）既事相——表示动作已经完成，动相词用“了”。例如：

凤姐偏拣了一碗鸽子蛋，放在刘老老桌上。

（6）起事相——“起”字本有起始之义，所以“起来”附在动词之后可以表示一个动作的开始（并且继续）。例如：

一面料理针线，一面高谈阔论起来。

（7）继事相——“下去”附在一个动词后可以表示一个动作的延续。例如：

便静静儿的听他唱下去。

（8）先事相——预言动作之将有，称先事相；表示先事相用“去”或“来”，尤以“去”为多。“来”和“去”在好些句子里应该认为是完备的动词，但在这些句子里，它们的行动意义很少，已可说是从实义词变成辅助词了。例如：

不如照旧由着庄头鬼混去。

媳妇来接婆婆来了。

（9）后事相——指一个动作已经有过，这儿应用的动相词早期白话是“来”，现代汉语是“来着”。例如：

丈夫，你见甚么来？（西山一窟鬼）

我往大奶奶那里去来着。（红楼梦）

第三大类是使用“动量”来表示动相的，又分为4种。例如：

（10）一事相——凡是仅仅表示有过一个动作的，可称为“一事相”。例如：

骡夫把骡子带了一把。

和“一事相”相对，“敲了两下”可以称为“多事相”。

（11）短时相——有许多动作实在不大分得出次数，用定量的说法往往有暂时或轻微之意，可称为“短时相”。例如：

你也等我歇歇儿再说呀。

有时又可有尝试之意，可称为“尝试相”，限于未完成的动作。例如：

你们俩白想想，我这话虑的是不是？

（12）屡发相——叠用两个定量动词，又可以表示这些动作的继续出现，这可以称为“屡发相”。例如：

他有什么事？还不是吃吃逛逛？

（13）反复相——屡发的事情，要是特别注重相继不断的意思，可称为“反复相”。通常不用定量动词，用“又”或“……

来……去"。例如：

只顾拿着那幅画看了又看。

我想来想去想不出，我就去问他。

3. 高名凯（汉语语法论，1948）

高名凯把"时态"称为"态"，把"态"分为6种，即（1）进行态、绵延态；（2）完成态、完全态；（3）结果态；（4）起动态；（5）叠动态；（6）加强态。

（1）进行态、绵延态——一个动作或历程正在继续地进行着，还没有完结，不论其在什么时间，这即所谓进行态或绵延态。在口语是用"着、在、正在"或"正在……着"去表示。例如：

依然唱着山歌，自下岗子去了。

他有时在斫伐林树，他有时在开凿山岩。

（2）完成态、完全态——表示动作或历程的完成。例如：

小人做了几项歹事勾当，不得已而落草。

我做过这事。

我做好一首诗。

我说完这句话。

（3）结果态——表示动作或历程之有结果者，谓之结果态。在汉语中，表示结果态的语法成分很多，口语常用"着、住、得、到、中"等。例如：

正撞着卖药的张先生。

把娘子拦住了。

自小学得一身好武艺。

我想到他这病上，我心里如同针戳一般。

朱温靠树放虎过，放一箭射中虎肩膊。

（4）起动态——表示在某一时刻动作或历程之开始者，谓之起动态，常用“刚、才、方、恰”等。例如：

刚刚登门，歇下。

才出宫门，数万人拦路伏阙陈言。

（5）叠动态——动作或历程可以一起一落，重复进行，此则谓之叠动态。例如：

晚生为什么说要查查呢？

只见那一双蝴蝶，忽起忽落，来来往往……

（6）加强态——重复同样的动词是表示动作或历程的重叠，连用意义相似的两个动词，则表动作或历程的加强。例如：

还没有走到跟前，他倒看见我了。

若还与了他，必然翻变。

以上进行态和起动态为一类，虚字是加在动词之前的，用法和意思也有关联；完成态和结果态为一类，虚字是加在动词之后的，同样的用法，相近的意义；叠动态和加强态为一类，用法相类，意义接近。

4. 赵元任（中国话的文法，1968）

赵元任把“时态”称为“动态”，他是在讲到动词后缀（表动态的后缀）时列举时态的。赵元任把动态分为7种，即（1）完成态；（2）进行态；（3）开始态；（4）不定过去态；（5）尝试态；（6）继续态；（7）看上去像名词的“法（子）”加在动词之后。

（1）完成态——常用后缀“了”表示。例如：

怎么碰了杯又不喝？

（2）进行态——常用后缀“着”表示。例如：

他打着电话呐？

还早呐，太阳还斜着呐。

（3）开始态——除了作为复合动词和复合趋向补语之外，“起来”（轻声）也是一个表动态的后缀，表示动作的开始。例如：

这孩子渐渐儿懂事起来了。

（4）不定过去态——动词“过”也用作趋向补语，可是轻声的“过”是纯粹后缀，意思是“过去至少有过一次”。例如：

这东西我上过当的。

（5）尝试态——动词的重叠部分念轻声。例如：

看·看　　想·想

（6）继续态——常用“下去”表示。例如：

你那样做下去，结果一定不好。

（7）法（子）——这看上去像名词，但是加在动词之后，那个动词还是可以受“这么、那么、怎么”的修饰。例如：

天气那么冷法子，你们那儿怎么过法子呐？

5. 张志公（现代汉语，1982）

张志公也把“时态”称为“动态”，他认为动态可分为“尚未完成”和“已经完成”两大类，其中“尚未完成”又可分为：（1）尚未开始；（2）已经开始，正在进行。

（1）尚未开始——可以在动词、形容词前加能愿动词。例如：

那隔着河的牛郎织女，定能够骑着牛儿来往。

单音节动词和一部分双音节动词重叠，表示的行动也尚未开始。例如：

你辛苦了，休息休息吧。

（2）已经开始——表示动作已经开始，正在持续下去，然而并没有完成，可以在动词或形容词后加一定的虚化的趋向动词，或者加动态助词“着”。例如：

有的人神色开朗起来。

天空的霞光渐渐地淡下去……

凉爽的风轻轻地吹拂着……

（3）已经完成——表示行动或性质状态的发展变化已经完成，可以在动词或形容词后边加上一定的趋向动词，或者加上“了、过”。例如：

他脱下大衣就坐下看书。

你把我眼睛蒙上，我也摸得出是什么来。

“哇”的一声把药都吐出来。

他把小纸团咽下去。

我们这个战斗集体胜利地完成了任务。

这么说，你驶过船？

上述各家对时态的划分具有重要意义，为我们的研究工作提供了必要的基础和依据。不过，也必须指出，有的划分未免过于粗略，有的概括语法成分未免失之于滥。

例如，只把时态划分为尚未开始、已经开始和已经完成，是远远不能表现现代汉语的时态的。还有，“法（子）”甚至都无法概括“态”的语法意义，无法给它立个名目，怎么还能列为一种时态呢？

又如，把能愿动词、未虚化的趋向动词、数量词（动量）、结果补语、实义时间副词、动词连用甚至及物复音动词都视为时态表达成分，实在是既无一定标准可言，又太过于宽泛无边了。下面仅举趋向动词为例加以评议：

（1）你看，他们又折腾开了。

（2）他走过去把窗子关上。

（3）我要他把意见统统说出来。

（4）他坐下看书。

（5）我们明天必须攻下这座碉堡。

例（1）的“开”有人认为是表示持续态的，其实它根本没有虚化，意义很实在，这里指“放开无约束”的意思；例（2）的“上”有人认为是表示完成态的，其实它表达的完全是词汇意义，这里是“合拢”的意思；例（3）的“出来”有人认为也是表示完成态的，其实它压根儿谈不上什么虚化，表达的完全是“由隐到显、由无到有”的词汇意义；例（4）的“下”有人认为也是表示完成态的，其实它表示的是实实在在的动作的趋向，应属于词汇范畴；例（5）的“下”虽然并不表示动作的实在趋向，可是仍有很强的实词意义，这里是“占领、获得、到手”的意思，所以也不能看作表示完成态的语法成分。

（五）现代汉语的几种时态

根据时态的科学定义和标准，充分考虑汉语的特点和汉语的历史发展，综合考察时态助词、时态副词、时态语气词等各种表达形式，我们把现代汉语的时态类型划分为8种：（1）完成、实现时态；（2）经历时态；（3）近经历时态；（4）进行、持续时态；（5）起始时态；（6）继续时态；（7）将行时态；（8）即行时态。

1. 完成、实现时态

这种时态是指动作行为变化在此之前已经发生、进行、完成了，或情况状态在此之前已经存在、实现了。就整个事件而言，则指已然的现实事件。

汉语这种时态主要由时态助词“了$_1$”和时态语气词“了$_2$”表示，时态副词“已经”也常用来表示这种时态。

“了$_1$”主要表示完成时态，有时也表示实现时态。“完成”与“实现”本来就密切相关，一种动作完成之后也往往就是一种状态的实现（存在）。

除了部分静态性动词外，“了$_1$”可以附着在各类动词之后，如动作行为动词、发展变化动词、心理活动动词、瞬间动词等。下面是“了$_1$”表示完成的例子：

（1）小孙从桌上拣了个废烟盒，折叠起什么来。

（2）我请她坐在沙发上，为她倒了一杯茶。

（3）也许是因为新闻记者职业的习惯吧，我忙中偷闲竟去登门拜访了侯明月。

（4）他跟X院长又谈了几分钟，便起身告辞。

（5）我想了很长时间，不知道该怎么办。

（6）我考虑了这个问题，心理上已经有所准备了。

（7）那灵魂就化成了黄昏里朦胧的灯火，和着黎明时柴草的青烟。

（8）它懂了，一侧身冲进了荒原的领地。

（9）这家商场近来扩大了营业范围。

（10）那圮坍了的古城堡和沙埋了的古战场不就是我们遴行到今天的驿站么？

(11)我拨开竹丛，立即看到了和朱老太太家差不多大小的一所茅屋，屋前的地面扫得像镜子一样光洁。

以上例(1)(2)“拣”“倒”是动作动词，例(3)(4)“拜访”“谈”是行为动词，例(5)(6)“想”“考虑”是心理活动动词，例(7)(8)(9)“化成”“冲进”“扩大”分别是具有内在终结点的表示变化的动词以及表示发展的动词(动趋式，动结式)，例(10)(11)“圮坍”“看到”是瞬间动词(后者是动结式)，它们都后附“了$_1$”。

在某些情况下，“了$_1$”也可表示情状的存在实现(动作行为一发生，就以某种状态存在着)，这时候，“了$_1$”与“着”可以互换而意思基本不变，试比较：

(12)壁上挂着一件涂了胶的军用雨衣，还有一只相框。	壁上挂了一件涂着胶的军用雨衣，还有一只相框。
(13)他咧了嘴，嘿嘿地笑着。	“嘿嘿！”黄耀祖咧着嘴笑了，想到了什么甜滋滋的事情。
(14)“你娃娃输得起不？”黄耀祖瞪了眼喝道。	“你娃娃输得起不？”黄耀祖瞪着眼喝道。
(15)X院长这时才坐在皮转椅上，拿着话筒愣了神。	X院长这时才坐在皮转椅上，拿了话筒愣着神儿。
(16)彭湃子不说话，只是眯了眼笑着：“嘻	张加强坐在对面的床上，点燃了一支香烟，眯着眼

嘻！”	睛深深吸了一口。
（17）黄耀祖仿佛没有听见似的，一下子抬起车杠来，推了板车往前走。	黄耀祖仿佛没有听见似的，一下子抬起车杠来，推着板车往前走。

不过，两者仍然存在着细微的差异，“了$_1$”是从变化过程的角度叙述某种情状或某种现象已经存在、实现了，“着”则是从无变化过程的角度叙述外界存在着某种状态或某种现象。下面的例句更加鲜明地反映出这种差异：

（18）当街的壁板先是黑的，后来涂了红土，这时又涂了白灰，也贴着长条的标语。

当然，“了$_1$”在某些情况下也可以隐去，例如：叙述紧接着发生的几个动作时，前面动作虽已完成，但动词后可以不出现“了$_1$”；当动补短语（动结式，动趋式）处于复句的前几个分句时，其后多半不用“了$_1$”；当语意表达的重点放在方式、数量状语上时，那么动作虽已完成，但动词后可以甚至往往不用“了$_1$”；并列动词作谓语，第一个动词后不用“了$_1$”。① 不感觉有说的必要就不说，这是汉语异于印欧语言的地s方，也是汉语的灵活精练特点的表现。

不少方言都有相当于普通话中“了$_1$”的助词，例如上海话的“勒”，苏州话的“仔”，广州话的“咗”等。但是，各地方言的这个助词的读音是有一定差异的：

西安：ᶜliau　　成都：lo　　扬州：laʔ꜀

① 参阅刘月华等《实用现代汉语语法》210—211页，外语教学与研究，1983。

苏州：tsʅ　　上海：ləʔ꜀　温州：꜀ɦuɔ

长沙：ta꜄　　南昌：꜂liɛu　梅县：꜀k'oi

广州：꜂tsɔ　　阳江：꜀tou　福州：꜂lau

潮州：꜂liau①

“了₂”主要表示实现时态，一般指情况发生了变化：新的情况出现了，当然也可看作某个事件的实现。由于缀在句末肯定全句所述的事件，表示情况的变化，因此常用于动词谓语句和形容词谓语句。例如：

（19）我猛抬头，瞥见（动）那双勾人灵魂的女人水性的大眼了。

——瞥见女人大眼这件事刚刚实现

（20）现在没有（动）“制钱”了，用分币。

——“没有制钱”是新出现的情况

（21）当时我想开除了也好，这回当（动）自由神了，有（动）自主权了，想干什么就干什么。

——当自由神、有自主权都是这回实现的

（22）队伍接近（动）矿山了。

——“接近矿山”是才出现的情况

（23）直到太阳西斜（形）了，才把几个猪头啦，一捆粉丝啦，给农场送去。

——“太阳西斜”是新出现的景色

（24）小姑娘一天一天地大（形）了。

① 参阅詹伯慧主编《汉语方言及方言调查》274—276页，湖北教育，1991。

——小姑娘变大是现在的情况

如果体词处于连续变化的链条之上，那么，"了$_2$"也可用于这些体词谓语句：

（25）他五十岁了，还显得这么年轻。

（数量）

——一岁、二岁、三岁……五十岁……

（26）整整一年了，还不见他的踪影。

（数量）

——一个月、两个月、三个月……一年……

（27）春天了，万物都在生长。

（名）

——春天、夏天、秋天、冬天、春天……

（28）星期天了，该休息了。

（名）

——星期一、星期二……星期天……

（29）都大姑娘了，还这么小孩子气。

（名）

——小姑娘、大姑娘、媳妇……

由于"了$_1$"和"了$_2$"表示的时态极为相近，因此常常配合使用，① 前者表示动作的完成，后者表示情况有了变化（状态的实现），总之，全句表示的是已然的现实事件。例如：

（30）我们吃了$_1$饭了$_2$。

（31）这件事情我托了$_1$我们组长了$_2$。

（32）我们几天前就跟单位打了$_1$招呼了$_2$。

（33）我的文章登了$_1$报了$_2$，你知道吗？

（34）一晃我的学校办了$_1$一年多了$_2$，我认为我的教育

① 但是在表示未来事件的祈使句里，"了$_1$"与"了$_2$"却不能同时出现。例如"喝了$_1$这碗水！"（祈使句）/"喝了这碗水了"（非祈使句），"来上课了$_2$！"（祈使句）/"来上了课了"（非祈使句）。

方法是成功的。[①]

(35)这场战争打了$_1$八年了$_2$，还不该结束吗？[②]

(36)这孩子打破了$_1$八扇玻璃窗了$_2$。[③]

(37)这本书我看了$_1$三遍了$_2$，不再看了。[④]

普通话里，"了$_1$"和"了$_2$"读音相同，都读轻声的"lə"，可是在一些方言里，这两个"了"的读音却不相同，因而常用不同的汉字来表示：

〔普通话〕 吃了饭了。 伤了风了。

〔广州话〕 食咗饭咯。 伤咗风咯。

〔苏州话〕 吃仔饭哉。 伤仔风哉。

〔德州话〕 吃溜饭俩。[⑤]

有时，粤语里助词"咗"之后可以紧跟语气词"咯"，例如"已经去咗咯"，可是普通话里为了避免重复同一音节，却只用一个"了"，例如"已经去了"（已经去了了）。这样，两个"了"就干脆融合成一个，缀在全句末了，可以标记为"了$_{1+2}$"，例如"已经去了$_{1+2}$"。[⑥]

"已经（已）"表示动作变化完成以及达到某种结果或程度，它后面的动词谓语主要是动结式与动趋式以及具有结果、结局义的动词（动词短语）。例如：

(38)柴块已经从灶膛里退出来，散着一缕缕青烟。

(39)消息已在人们的私语中传开。

---

①②③④ "了$_1$"与"了$_2$"之间如果是数量、时量、动量词语时，则句子除了表示已然的现实事件外，还有"量多"的意味，证据是可以在动词谓语前加上强调语气的"都"字。

⑤ "溜"读作轻声的"liou"，"俩"读作轻声的"lia"，参见钱曾怡主编、曹延杰所著《德州方言志》182—183页，语文，1991。

⑥ 参阅赵元任著、吕叔湘译《汉语口语语法》126—127页，商务，1979。

（40）老人已将鞍子备好。

（41）院子有一亩多地，蔬菜已经收获。

（42）但我不相信，诗在西方已经绝迹。

（43）这天晚上，我们从陈文贵夫妇家里出来的时候，县城已是一片阒寂。

（44）今天温度已经下降到零度。

在现代汉语中，“已经”常与“了$_1$”“了$_2$”配合使用，特别是“已经”句的句末常缀上个“了”字，谓语部分的这两者首尾呼应，使得句子的语义语气更为顺畅完整。请看以下例句：

（45）他已经在乡下修好了$_1$一栋带猪圈的房子。

（46）今年是龙年，有关龙的文章已经出现了$_1$一大堆。

（47）当时她已经三十四岁了$_2$，还没对象。

（48）我已经看不见绿意凝结的大块颜色了$_2$，只有一丝绿影在天际跳荡。

（49）这时我们已经站起来了。

（50）他们已经出发了。

（51）火盆里的木炭已经熄灭了。

（52）他已经完全被这个念头迷住了。

（53）我已经休息了。

（54）人们已经麻木了。

（55）风已经停了。

（56）苹果已经红了。

由于“已经”还可表示动作行为和情况状态在此之前业已存在、实现，所以有时也可跟时态助词“着”和时态副词“在”配合使用，这时表示进行中的动作或持续着的状态在此之前已经发生或出现。例如：

（57）日子在我起床之前就已经流淌着，现在我也得走进去。

（58）早在上个月，他们就已经在调查了。

（59）不要催，那本小说我已经在看呢。

“了$_1$”“了$_2$”“已经”这套表达完成、实现时态的语法手段在语言中使用灵活，配合常常天衣无缝。以下举几个例句，并略加分析：

（60）中央对此十分重视，已经部署有关部门专门研究并有了初步的安排。

（61）上海首次公房拍卖已经结束，这一消息吸引了众多的公众。

（62）假如诫告有效，那么，生活一开始就会已经十分的美好，再没有长长的历史了。

（63）但不知怎样一来，我又还是走过去了，拉开了门栓。

例（60）用连词“并”连接两个事件，前件用“已经”表示部署研究这种行为的完成，后件用“了$_1$”表示初步安排的实现；例（61）是一个承接复句，两句衔接较紧，所以前句只用“已经”表示动作行为的完成，而不在句子末了使用“了”显示语气的完整，后句则用“了$_1$”表示新事态的实现；例（62）表示结果的两个分句中，前面的肯定句用“已经”表示一个事态的实现，后面的否定句句末（也是全句之末）则用“了$_2$”表示另一事态不会出现，同时使得全句语气完整：例（63）前句用“了$_{1+2}$”表示动作的完成和新情况的出现，接着后句用“了$_1$”表示动作的完成，在一定程度上后句似乎可以看作是此次行动的目的，这样，连贯的动作行为就构成为一个完整的事件了。

2. 经历时态

这种时态是指动作行为变化在此之前曾经发生、进行过，或情况状态在此之前曾经存在过。就整个事件而言，则指经历上的事件。

汉语这种时态主要由时态助词"过"和时态副词"曾经"表示。

"过"的虚化不如"了"彻底，有的还有"完毕"的实在意义，例如"吃过饭再说"，这个"过"应分析为动词"吃"的补语，并不是时态标记。本文讨论的时态助词"过"表示过去曾经有这样的事件，属于某种经验或阅历。"过"与"了$_1$"一样，除了部分静态性动词外，可以附着在各类动词之后，如动作行为动词、发展变化动词、心理活动动词、瞬间动词等。值得注意的是，"过"用于否定句的情形较为常见。例如：

（1）今年，我可没上树粘过"知了"。

（2）这一辈子，我可走过不少地方。

（3）她问我还会什么技术，我想起来我学过服装裁剪，给别的学校代过课。

（4）好像他们一道在部队上当过兵，有多年的情分。

（5）你们是作家，应该是为我们、而不是为你们自己写作品的，可是你们全都认真地考虑过这个问题吗？

（6）老实说，我从来没有想过这个问题。

（7）也许，他们才懂得生活。而我们自己其实却无用极了，还从来没有把生活看清过……

（8）他的病情从来没有好转过。

（9）今天，我也没打碎过谁家的玻璃，干嘛又找我谈话呢？

（10）我跌倒过，又爬起来了。

（11）五十二岁了，他没有得到爱情，他没有见过海洋，更谈不上飞翔……

以上例（1）（2）"粘""走"是动作动词，例（3）（4）"学""代""当"是行为动词，例（5）（6）"考虑""想"是心理活动动词，例（7）（8）（9）"看清""好转""打碎"分别是具有内在终结点的表示发展变化的动词语（动结式），例（10）（11）"跌倒""见"是瞬间动词（前者是动结式），它们后面都附着"过"。

"过"也可以附着在某些能起变化的形容词后面，一般需要标出时间，有同现在或过去比较的意思。例如：

（12）他小时候胖过。（现在不一定胖了）

（13）前几天冷过一阵。（现在可能热起来了）

（14）这屋子从来没这么冷清过。（过去肯定不冷清）

"过"与"了$_1$"表示的时态有相近之处，但仍存在重大的差别。"过"着重说明动作行为变化已成过去，表达的是经验上或阅历上的事件（事件已经终结）；"了$_1$"则着重说明动作行为变化已经完成或实现，表达的是已然的现实事件（事件是否终结句子并未涉及）。例如：

（15）他当过班长。（现在已经不当了）

他当了班长了。（现在还当班长）

（16）这本小说我只看过一半。（现在不在看）

这本小说我看了一半了。（现在还在看）

“过”与“了$_1$”的用法也有不同。比如，“了$_1$”常与“了$_2$”配合使用，“过”则一般不能与“了$_2$”同现；[①]“了$_1$”可与“起来、下去”同现（叫了起来、唱了下去），“过”则不能与“起来、下去”同现（*叫过起来、*唱过下去）；“了$_1$”可与用于主观意愿的“不”同现（你也不带了扇子去），“过”则不能，它只能与用于客观叙述的“没有”同现（我没有到过他家、*你也不带过扇子去[②]）；[③]“了$_1$”可插入重叠动词中间（听了听、看了看），“过”则不能插入其间（*听过听、*看过看）；“了$_1$”能用于否定祈使句中（别撕烂了衣服），“过”则一般不能用于否定祈使句中（*别撕烂过衣服）。以上这些，都与“过”的经验阅历和客观叙述的性质有关。

但是，经历与完成毕竟有相通之处，所以两者有时也前后句对应使用，表达的意思也大致相同。例如：

（17）他问：“他喝酒出过事没有？我的意思是说，他因为喝酒发生了医疗事故没有？”

（18）此外就是残破而乌黑的瓦檐，和着颜色灰褐的、木质也一丝丝朽坏的板壁，不知经过了多少岁月，蒙受过多少风雨。

“曾经（曾）”表示从前有过某种行为或情况，也是属于经验或阅历的。只要是从前发生过的事件，都可以用“曾经”表示，所以静态动词和动态动词前面都可以加上“曾经”。例如：

---

① “这本书我看过了，再给你”中，“了”前面的“过”不是时态成分，而是补语。此外，“曾经”也与“了$_2$”互斥，例如“*我曾经住在这儿了”。

② “你也不带过扇子去”中的“过”如果是补语，那么这句将能成立。

③ “了$_2$”也与“过”用法不同，它在语义上与“没有”互相排斥，例如“*他们没有完成任务了”。

（19）我过去曾经是钢铁厂的积极分子。

（20）这里曾经有一所漂亮的房子。

（21）我过去曾经相信他们。

（22）这所房子曾经属于学校。

（23）黄耀祖曾经多次要求回四川老家去。

（24）朱可夫跟斯大林争论，斯大林曾把他下放到一个方面军里去。

（25）我曾经对他观察了很长一段时间。

（26）我曾经多次回忆起在北大荒的日子。

（27）我曾经梦中变作一只蝴蝶，在花丛中飞来飞去。

（28）煤气站的煤气罐曾经多次爆炸。

以上例（19）（20）（21）（22）"是""有""相信""属于"是静态动词，例（23）（24）（25）（26）（27）（28）"要求""下放""观察""回忆""变作""爆炸"是动态动词，它们前面都用了"曾经（曾）"。

"曾经"与"已经"的不同，类似"过"与"了$_1$"的不同。请看下面的例句：

（29）我曾经住在这儿。　　（现在不住在这儿了）

　　　我已经住在这儿了。　（现在还住在这儿）

（30）他曾经要求回老家。　（时间一般不是最近）

　　　他已经要求回老家了。（时间一般在不久以前）

"曾经"和"过"作为一套表示经历时态的语法成分，经常配合使用。一般情况下，当只在动词谓语前使用"曾经"时，可以认为"过"隐含在其后，成为隐性时态成分；同样，当只在动词谓语后使用"过"时，可以认为"曾经"隐含在其前，成为隐性时态成分。例如：

（31）中国人民是勤劳、智慧、勇敢的人民，对人类文明曾经作出过卓越的贡献。

（32）我后来曾经去过他那间脏乱的小屋。

（33）他是王亚南先生的高足，当年曾为王亚南先生抄校过《中国官僚政治研究》的书稿。

（34）前年春节我回家时，父亲和二弟曾经给他垒过一个煤火炉子。

（35）一九五九年饥馑，他曾经私下用烤酒的包谷救过不少人。

（36）有人说我会死，说实在的，我也〔　〕想到过死，可冷静下来一想，我干嘛要死呢？

（37）我想起来了，我们报纸还〔　〕就此问题发表过答读者问呢。

（38）我曾经向一切关心中国的外国朋友建议〔　〕，希望他们多多了解新中国。

（39）一声应诺之后，就突然觉得自己原来也很豪爽，这一点倒为我从来所不曾料到〔　〕。

例（31）—（35）“曾经（曾）”与“过”配合使用；例（36）（37）“过”出现，“曾经”隐含着；例（38）（39）“曾经（曾）”出现，“过”隐含着。不过现代汉语的倾向是，由于“过”已完全虚化为时态成分，所以一般情况下就常使用它表示经历态，而“曾经”则相对而言尚保留些许词汇意义，所以用上它往往有指明、突出经历的意味。

当然，“曾经”和“过”毕竟属于不同的词类，用法定然有所不同。有时候，句子表示经历只能或只宜于用“曾经”，反之，是只能或只宜于用“过”。下面列举几种情形：

（40）如果爷爷死不让步，父亲是要坚决维护爷爷曾经是一家之长的威信的。

（41）中央曾经把他派到山西去工作。

（42）我国的诗人从来没有失去过读者，读者也从没失去过诗人。

（43）我妈跳过江没死了，我亲眼看她把头使劲往墙上撞。

（44）一张涂过红红绿绿的颜色的照片，面庞那儿有一团红色在可怕地散开，是与一个女青年的合影。

例（40）“是”属于关系动词，它后面不能带“过”，但可以在前面加“曾经”，一部分静态动词的用法同此；例（41）是“把”字连动句式，前后两部分之间不仅存在先后时间关系，而且后一部分又是这次“处置”调动的目的，既然句子的表意中心是行为及其目的，那么当然也就不必或不宜用“过”来突出其经历性了；例（42）是强调义的“过”字否定句式“从来没有……过”，这种否定句式动词前通常不能再用“曾经”；例（43）“过”处于连动句谓语的前一部分，与后一部分衔接紧密，叙述平直自然，不宜再在“跳”前使用指明经历的“曾经”；例（44）简捷叙述客观情况，句与句之间语气通贯协调自然，因而没有必要或不宜于在第一分句使用“曾经”特地指明经历。

以上说到“已经”常与“了$_1$”“了$_2$”配合使用，“曾经”常与“过”配合使用。可是，我们也发现“已经”与“过”、“曾经”与“了”配合使用，这里面颇有一些具体的情况需要阐释。先举“已经……过”的例子：

（45）从雕花的窗棂看出去，还能看见石阶和石井，让人玄想过往的人生——戴小帽的乡绅也好，必然会有的哪一位哭哭啼啼的女人也好，都已经领受过这儿的白天和夜晚，而今是远远地逝去了。

（46）前两年已经处理过一次。

（47）我已经嘱咐过她了！

例（45）是玄想过往的人生，显然事件已成为一种经历，因此，这里“过”是必有的主时态成分，而“已经”则是与之配合的次时态成分。其实，这句的“已经”换为“曾经”似乎更切合语境。例（46）也偏于表示经历事件（前两年），因此，“过”也是主时态成分，“已经”则为次时态成分。这句用“已经”或“曾经”似乎都可以，不过用“曾经”更为突出经历，用“已经”则附加了完成意味而已。例（47）“已经”不能换为“曾经”，因为句末有“$了_2$”之故。“曾经”表示以往的经历，“$了_2$”则表示新出现的情况，两者语义上相互排斥。这句“过”夹用在“已经……$了_2$”句式中，显然已是次时态成分了。因此，这句表达的主要是完成时态，而附加若干经历意味。

再举“曾经……$了_1$”的例子：

（48）也正是在这个地方，父亲一人曾经打退了敌人一个班的进攻。

（49）为了做好准备工作，他曾经忙了好几天。

（50）就是这样一个默默无闻的小国足球队，曾经将一个呼声最高的大国足球队挤出了世界杯大赛的决赛圈。

例(48)的“曾经”不能换为“已经”,而“了”却可换为“过”,只不过附加的些许“完成”意味丧失而已,可见这句的主时态成分是“曾经”;例(49)“曾经”如换成“已经”,则意思有了变化,由经历变为完成,倒是“了”可以换为“过”而意思基本不变,可见这句的主时态成分也是“曾经”;例(50)则是“曾经”与“了”相配合的例子,“曾经”所在的部分(曾经+介词短语)表示经历,“了”所在的部分(动+了+名词短语)表示完成。

3. 近经历时态

这种时态是指不久前发生过某一事件或情况。汉语这种时态由时态语气词“来着”表示。它是一个明显的时态标记,缀在句末。“来着”用于口语。

句中如无时间词语,用“来着”的句子一般指不久前发生的事情。例如:

(1)我到天津去来着。

(2)喂,他说什么来着?

(3)气成这个样子,你和谁吵架来着?

(4)我听见你梦中和人说话来着。

(5)你问我到哪里去了?我给妈送雨伞来着。

(6)这句话怎么说来着?

“来着”句有时用一些时间词语,以标明事件是不久以前发生的。例如:

(7)我刚才在街上看见小李来着。

(8)刚刚老何找你来着,你到哪里去了?

(9)昨天我到郊县去采访来着。

（10）我刚才听见你叔叔说你对的好对子，师父夸你来着。

（11）方才还像是拌嘴似的来着。

（12）我前儿听见秋纹说，妹妹背地里说我来着。

有时事件是在很久以前发生的，但只要说话人心目中觉得这个经历似乎仍然很近，或者回忆起来仿佛就在眼前，那么照样可以使用“来着”表示。例如：

（13）这书子我不还求大爷你给我听来着么？

（14）当日你父亲怎么教训你来着。

（15）我还记得，小时候咱们常在一起玩耍来着。

（16）那个连长姓什么来着？淮海战役快开始的时候？老晃子那时还不叫老晃子，他耳还不聋，腿也不瘸，在连里当炊事员，还当着连部的党小组长。

“来着”与“过”同表经历态，不在同一句中共现。“来着”和“过”有如下主要区别：（1）“来着”只用于已经发生的事件，因此没有否定句，“过”则可以用于没有发生的事件，因此有否定句。例如“*他没去北京来着”/“他没去过北京”。（2）“来着”只能用于句中有“谁”“什么”“怎么”等的特指问句，不能用于一般问句，“过”则不限。例如“谁去北京来着”/“谁去过北京”，“他买什么来着”/“他买过什么”，“*他发言来着吗”/“他发过言吗”，“*他买东西没有来着”/“他买过东西没有”。（3）用“来着”的句子一般指不久前发生的事件，用“过”的句子可以指遥远的过去。例如“我去南京来着”（指几天前）/“我去过南京”（可以指多年以前）。

在宋、元、明各代，“来着”的前身“来”使用范围似乎更广，例如它可以用于否定句，也可以用于一般的问句：

(17) 往常来的家书，却不曾有这个图书来。

(18) 蔡郎当初临别之时，可不道来。

(19) 呸！你不见鬼来？

(20) 宋公明道："恰才你射雁来？"

4. 进行、持续时态

这种时态是指动作行为变化正在进行或情况状态的持续。就整个事件而言，则指进行、持续中的现实事件。

汉语这种时态主要由时态助词"着"和时态副词"在、正在、正"表示，"在、正在、正"偏于表示进行，"着"偏于表示持续。"进行"和"持续"都是表示过程的绵延，两者没有截然的分界，同时两者常常配合使用，是一套表示时态的标记符号。

"着"主要表示持续，凡是可以延续的动词和一部分状态形容词，只要表意需要都可以缀上个"着"。例如：

(1) 黄耀祖架起一只脚来，悠悠地晃荡着。

(2) 他摸出一块皱巴巴的帕子来，擦着被风吹得发红的鼻子。

(3) 有一个时候，他狠狠地看着我们，眼光闪烁不定，充满仇恨。

(4) 梯口那儿好像有人守着，不让闲人上去。

(5) 他一边心里猜测着，一边跟他们应付。

(6) 他费力地思索着，回忆着……

(7) 我坐着，心里像从来那样，茫然而游移。

(8) 我躺着，望着窗棂上的窟窿。

(9) 车站有一截矮矮的砖墙，贴着花花绿绿的标语。

（10）出得门来，看见对面一家压面的铺子，木架上晾着压好的面条……

（11）我心里迟疑着，身躯却一下子就跳起来。

（12）头顶上的瓦檐斜着，小摊一半在阳光下，一半在阴影里。

（13）光线被人影纷乱着，黑黑的肩背也不住晃动。

以上例（1）（2）"着"缀于动作"晃荡""擦"之后，表示动作的持续；例（3）（4）"着"缀于行为"看""守"之后，表示行为的持续；例（5）（6）"着"缀于心理活动"猜测""思索""回忆"之后，表示心理活动的持续；例（7）（8）"坐""躺"的动作一经发出，即成为自身的一种姿势，因此"着"缀于它们之后是表示"坐""躺"这两种姿态的持续；例（9）（10）"贴""晾"的动作一完成，某事物即处于或附着于某一处，因此"着"缀于它们之后是表示静态的持续；例（11）"着"缀于心理状态"迟疑"之后，表示心态的持续；例（12）（13）"斜""纷乱"是状态形容词，"着"缀于它们之后，表示状态的持续。

"着"也可以用来表示动作行为进行。[①] 例如：

（14）黄耀祖就在我前面走着，时而对着山谷呼叫，时而又胡乱地拍腿，挥动手臂，仿佛很快活似的。

（15）现在，在这光天化日之下，他也在熙攘的人丛中钻行着，在这小街上寻觅着他的人生。

（16）说着，她笑起来，似乎年轻了许多。

---

① 普通话中，进行和持续都可以用"着"表示，但在某些方言中却用不同的语法成分表示。例如广州话表"进行"用"紧"或"开"（我睇紧书、我睇开书），表"持续"则用"住"（你只手揈住乜嘢）。

（17）……有没有神祇隐在高高的地方，俯视着我们的人世呢？

例（14）（15）“走着”“钻行着”表示走和钻行的动作正在进行；例（16）表示“说”的行为正在进行之际，“笑”的行为出现了；例（15）（17）“寻觅着”“俯视着”表示寻觅和俯视的行为在进行。

不能持续的瞬间动词如“死、塌、垮、炸、断、熄、跌、到、丢、牺牲、离开、停止、取到”等，无所谓持续与否的静态动词尤其是关系动词如“属于、等于、当作、适合、作为、符合、姓、是、好像、在”等，以及含有结果的动词（动结式、动趋式），后面一般都不能缀上“着”。不过，由于“着”已经虚化为纯时态成分，成为一种标记，因而也可以缀在静态动词之后，甚至动结式和动趋式后面偶尔也可以带“着”。例如：

（18）屋子几乎没有光线，临着街的直条的窗棂，是用发黑的塑料薄膜封紧的。

（19）屋子一边临着街，一边连着一个院落，是旧时一个乡绅的宅院。

（20）小街也好，我们自己也好，既不知道为什么会存在着，又只是这样存在着……

（21）因此死就包含着生的奥秘。

（22）报社记者来建工局，在景立贞的办公室。是两个年轻人，一男一女，膝盖上打开着笔记本，带着那种刚当上记者的腼腆和稚嫩。

（23）一颗清亮的新星在黑魆魆的地平线上慢慢升起。它自信、冷静、倔强地闪烁着，在天穹中照亮着它应该照亮的一角。随着天体的旋转，它在冥冥碧空中划出着它顽强磊落地升起的轨迹。

动作性"动+着"前面不能用否定词加以否定，因为"着"与否定词在语义上相互排斥。例如：

（24）*他没有走着路。

（25）*他不吃着饭。

（26）*他没有不断地跳着。

（27）*他不跑着。

"动+着"后面不能带时量词语以及具有时间性的动量词语，因为"着"表示过程的延绵，而时量和动量则标示过程的终止，二者相互排斥。表完成的"动+了"后面则常带时量词语和动量词语。试比较：

（28）*他走着三分钟。	他走了三分钟。
（29）*他唱着一会儿。	他唱了一会儿。
（30）*他坐着一小时。	他坐了一小时。
（31）*他想着一晚上。	他想了一晚上。
（32）*他干着几十年。	他干了几十年。
（33）*雨下着一阵。	雨下了一阵。
（34）*他看着一眼。	他看了一眼。
（35）*他跑着几趟。	他跑了几趟。

不少方言都有相当于普通话中"着"的助词，例如四川话的"倒"，苏州话的"仔"（附着于持续义的复合动词、动补结构后）等。但是，各地方言的这个助词的读音是有一定差异的：

济南：tʂɔ　西安：꜀pfʻo　成都：꜂tau

扬州：tsaʔ꜆　苏州：tsɿ　梅县：꜂ten

广州：ᶜkɐn　　福州：luɔʔ꜀　　厦门：꜀le[1]

“在、正在、正”主要表示进行，所以一般不能用于静态动词和瞬间动词之前。[2]“在、正在、正”虽然都表示动作进行或状态持续，但“在”着重指状态，“正”着重指时间，“正在”则在动态的基础上兼指时间。[3]下面先举“在”的例句：

（36）屋内到处是灰尘，爷爷专心致志地在打草鞋，绳子一端拴在桌腿上，一端缠在腰中。

（37）他们在砍桉树。

（38）你去吧，我在写文章呢。

（39）哪一个在喊老钱呀！

（40）烟卷青色的烟缕在散开，我感到了一种胜券在握的畅快。

（41）她身上的肿块不仅没有缩小，而且还似乎在无休止地增大。

（42）是什么在扩散呢？

例（36）（37）表示动作在进行，例（38）（39）表示行为在进行，例（40）（41）（42）表示活动变化在进行中。

如果要突出动作行为活动进行的时间性，则可以使用“正在”：

（43）小摊也正在拆开，手帕啦、针织的内衣啦，还有木

---

① 参阅詹伯慧主编《汉语方言及方言调查》276—277页，湖北教育，1991。

② 如果把瞬间动词所表示的动作、变化看作一个过程，那么也可以在它之前使用“正在”，例如“那堵墙正在塌”“火焰正在熄灭”。

③ 正因为如此，所以表过去的“已经”有时可与“在”配合使用（他们已经在调查了），而不能与“正、正在”配合使用（*他们已经正调查了、*他们已经正在调查了）。

梳和小镜子啦，都正在收起来，现出搭在条凳上的门板。

（44）他们两人正在让茶递烟、欢声笑语的时候，外科室主任和干部科长进来了。

（45）那匹年轻的栗色公马，它不是正在发情么？

（46）侯明月正在给儿童英语班上课。

（47）夜正在深沉，风把窗棂上的纸吹得窸窸作响，哪儿传来狗的叫声。

（48）速度正在慢下来。

“正”表示的意义距“正在”比距“在”近些，但意义和用法都与它们有些不同。例如：

（49）父亲母亲正在厨房杀公鸡，见大儿子从远方归来，很高兴。

（50）仿佛知道我们要回来，杨开泰正在檐下等我们。

（51）她是县医院的护士，眼下正牵连在一件婚姻的纠纷里。

（52）我们俩唠得正欢，突然会议主持人说：“下面请侯明月同志发言。”

例（49）（50）分别表示动作正在进行和行为正在进行，“正”都用于介词短语“在……”之前，因此不能把它换为“正在”或“在”；例（51）表示某种情况状态正在持续中，“正+动词”之后是介词短语“在……”，因此也不能把它换成“正在”或“在”；例（52）表示动作行为正在进行中另一动作行为出现了，这里的“正”绝对不能换成“正在”或“在”。

静态动词如“是、有、像、在、姓、成为、具有、属于、隶属、等于、善于、包含、包括、该、欠、显、差、多、含有、具备、牵涉、适合、符合、缺乏、类似、充满、区别、重视、轻视、蕴藏、当作、作为、仿佛、不如”等，无进行过程或持续过程的动词如“死、停、到、完、剩、结束、开始、撤销、放弃、遗漏、到达、停止、破、拉倒、出发、否决、通过、决定、丢失、遗失、准许、禁止、发现、听见、闻见、看见、遇到、遇见、打破、跌倒、离开”等，心态动词如“觉得、感觉、知道、认识、喜欢、高兴、爱好、放心、惊讶、沮丧、懂、明白、认为、晓得、感到”等，以及不表动作而表示某种状态的动词如“饿、病、瞎、皱、瘸、僵、醉、麻、聋、哑、疯、乏、塞、通、醒、跛”等，不受“在”的修饰。

由于“在”表示动作行为变化正在进行，语义上与时态助词“了、过”相互排斥，所以在句中不能共现。例如：

（53）* 我在到了/过新疆。

（54）* 他在看了/过这场京戏。

（55）* 人们在吃了/过他的亏。

“在+动”后面不能带时量词语以及具有时间性的动量词语，因为“在”表示动作行为的进行和过程的延绵，而时量和动量则标示过程的终止，二者语义上相互排斥。例如：

（56）*他在看一眼。

（57）*他在跑两趟。

（58）*他一天在查一次。

（59）*你在等一会儿。

（60）*他在躺一个晚上。

（61）*我只在站10分钟。

在一定条件下，“在”可以略去或不须说出，成为隐含成分。例如：

（62）你找什么？（你（在）找什么？）

（63）你叫什么？（你（在）叫什么？）

（64）你说什么？（你（在）说什么？）[1]

“在、正在、正”和“着”作为一组配套的时态成分，常常配合使用。例如：

（65）他们在听着，记着。

（66）整个山野默不作声，又仿佛在吐露着什么永远的奥秘。

（67）即便秦始皇焚书坑儒之时，也还有“生男慎勿举”等长城之歌在泛滥着。

（68）这时候小街正摇晃着……

（69）这个黄昏，北方的宴会厅里也正宴请着宾客。

（70）作为龙的传人，我正在追索着东方巨龙往昔和今日留下的一个又一个脚印。

（71）他们正坐在火炉旁边，安安静静地守着炉火。

（72）我们都往火炉上拱着身子，都在紧张地思考。

（73）抬起头来，阳光已变得迷迷濛濛，谷里拖着长长的阴影，鹅黄色的太阳正在西沉。

（74）只见远山起伏而连绵，四下里雾岚浮动着，天和地也正连成青灰色的一片，亘古一片。

例（65）—（70）是一种情况，“在、正在、正”与“着”合用于一个动词，只不过一个在动词前一个在动词后罢了；例

---

① “你吃什么？”等有歧义，可能是“你在吃什么？”的意思，也可能是“你要吃什么？”的意思。

（71）—（74）又是一种情况，“在、正在、正”与“着”分用于不同的句子，但相互对应配合使用。由于这一套符号有时单用，有时合用（几种分别排列配合的情形），有时分开配合对应使用，各有其作用，这就大大增强了汉语的表现力，并充分显示了它的灵活多变的特点。

值得注意的是，如果表示动作的反复进行或状态的长期持续，只能使用“在”和“着”而不能使用“正在”和“正”，因为后两者只能表示一个时段甚至一个时点。下面句子中的“在”和“着”都不能换用“正在”和“正”：

（75）我们经常在考虑这个问题。

（76）他一直在等你。

（77）其实，通俗文学从来都是泛滥着的，“吭唷吭唷”自不必说，“关关雎鸠”也是如此。

（78）回来也是悄悄地回来，一直瞒着我们。

（79）他带着很高兴的神气时时望着战士们。

（80）两名护士一直在看护着她。

5. 起始时态

这种时态是指动作行为的起始或情况状态变化的起始，就整个事件而言，则指处于起始状态或阶段的事件。

汉语这种时态由准时态助词“起来”表示。由于它在表示动作行为变化的起始时，并不牵涉动作行为变化的中止，所以实际上也就蕴含有继续下去的言外之意。[①]

正因为“起来”表示动作行为变化的起始并暗示将继续下

① 现代汉语中，“起来”也常作补语，例如“他站起来了”（由下而上）、“把门关起来”（合拢）、“把大家召集起来”（聚拢）、“人才培养起来了”（成长）等。

去，所以它一般不能附着在静态动词和瞬间动词之后（但可附着在形容词之后）。也正因为如此，起始时态句中可有“渐渐、逐渐、不断、一天天”等词语出现，这时“继续、发展”的意味较浓。例如：

（1）我的心思渐渐地活动起来。

（2）歌声逐渐高了起来。

（3）我们并不需要那些瓷盘，只是把它们叠在屋角的地板上，看它们不断地增多起来，心里就有一种莫名的痛快和兴奋。

（4）饭桌上的空气渐渐地和谐起来啦。

（5）队伍一天天壮大起来。

（6）她一米七多的个子，穿着一身淡雅宽松的连衣裙，宽边眼镜后是一双热情和善的大眼睛，说话朗声朗气，一谈起来就滔滔不绝。

（7）“哎呀，看我白话起来没完，耽误您的工作了！我们该走了。”她抓起孩子胖胖的小手向我摆了两下。

例（1）（4）“渐渐”表示程度或数量随时间缓慢地增减，例（2）“逐渐”表示缓慢而自然地变化进行，例（3）“不断”表示连续不间断地变化进行，例（5）“一天天”表示时间缓慢而有顺序地进行，都与“起来”的“继续下去”的意义相吻合；例（6）（7）的后续词语“没完”“滔滔不绝”也与“起来”的“继续下去”的意义相吻合。比较而言，例（1）—（5）偏于“发展”义，例（6）（7）偏于“继续”义。[①]

---

① “他的身体正在好起来”，“好起来”是一个渐进的过程，所以也可以用“正在”来突出过程中的某一时段。

“起来”有极强的动态性。除静态动词、终结动词和瞬间动词外，它可以附着于动作行为、发展变化、心理活动等各类动词之后；它还常常附着于形容词之后，表示形态、状况的起始变化。例如：

（8）只一停他就直立起身子，在泥水里跑起来，把半块砖头恶狠狠地扔过去。

（9）晌午回到家里，谁知巧燕早下工了，厨房门插着，没有烟火，她却消闲地作起鞋来。

（10）这笔直的可做织布的交棍，带杈的可做蒸馍的锅撑……一个老婆婆带头，大家便七手八脚地拣起各自需用的材料来。

（11）再说，以后万一上面政策变了，又批起工分挂帅来，这又该怎么办？

（12）我很想做好这个发言，至少不要让你们在听我的话的时候都打起瞌睡来。

（13）她拖着疲惫的身子走进家门，坐在丈夫身边情不自禁地诉说起来。

（14）水涨起来了，（山朗润起来了。）

（15）有道是天下没有不散的筵席，风也迎面吹起来了，让人觉着一种冷落的寒意……

（16）我突然想起一个人来。

（17）第一次，一个从未意识到的念头闯了出来，让我心慌意乱，甚至有些恐惧起来——我并不了解我的爸爸呀。

（18）我浑身一哆嗦，精神高度紧张起来。

（19）他看见有人在轻轻点头，有人的神色开朗起来。

（20）最近他胖起来了。

（21）有一阵雨落得大起来，檐水也淅淅沥沥的。

以上例（8）—（10）“跑”“作”“拣”是动作动词，“起来”附着其后表示动作的起始；例（11）—（13）“批”“打（瞌睡）”“诉说”是行为动词，“起来”附着其后表示行为的起始；例（14）（15）“涨”“吹”是客观事物的发展变化，“起来”即表其发展变化的起始；例（16）“想”是心理活动动词，“起来”附着其后表示心理活动的起始；例（17）“恐惧”是心理状态动词，“起来”附着其后表示某种心理状态的起始；例（18）—（21）“紧张”“开朗”“胖”“大”都是形容词，“起来”附着它们之后，表示神态、神色、形态、状态等变化的起始。

“起来”不仅附着于动词、形容词之后，还可以附着于短语、成语等之后。例如：

（22）他们一发现我，就呐喊欢呼起来，马上就占据了我所在的车窗口。

（23）在这双眼睛的逼视下，我心慌意乱了起来。

（24）随着时间慢慢过去，我越来越坐不住了，最后，不由得怒气冲冲起来——不是因为身边这几位女士那像施放化学弹一样的香水味儿，而是眼前的电视太糟踏人。

“起来”的使用较少限制，不仅其前后常有“了”字（$了_1$、$了_2$）出现（参见以上一些例句），而且也可以同“着”配合呼应使用，表示某种动作行为进行之际又出现了新的动作行为：

（25）他们玩儿着玩儿着，忽然哭起来了。

（26）说着，侯明月竟咯咯地笑起来。

“起来”表示的体意义并不全等于开始，所以表示起始态时，常用语法成分“起来”而不用词汇成分“开始”，不过若要突出“开始”的意思，则也可以使用它：

（27）黑暗的乡村街道上开始熙熙攘攘。

（28）人们成群结伙，邻里开始互相拜年了。

（29）壁板上挂着一块肉，是我们早上买下来的，他开始用刀割起来。

（30）“过去看一看？”黄耀祖问道，眼睛开始亮起来。

（31）终于，我的两条腿开始发酸，身体也摇晃起来。

例（27）（28）只使用“开始”，例（29）（30）是“开始”和“起来”配合使用，都突出了“开始”的意思；例（31）“开始”在前句，“起来”在后句，它们对应使用，比较而言，前句偏于“开始”义，后句偏于“继续”义。

6. 继续时态

这种时态是指动作行为的继续进行或情况状态的继续发展，就整个事件而言，则指继续下去的事件。

汉语这种时态由准时态助词“下去”表示。由于它是表示动作行为变化的继续进行，所以也就意味着这个动作行为变化先前已经存在，不过它并不着重这点，而是强调继续进行下去。①

“下去”作为继续态的标志，它不能缀在静态动词和瞬间动

① 趋向动词“下来”也有一定的虚化倾向，有时附着于动词形容词之后表示动作行为变化从过去延续到现在，例如“这个优良传统一代一代地传下来了”“会场渐渐地安静下来了”。

词之后（但可缀在形容词之后）。"下去"表示的是一个延绵过程，有时并且具有"渐变"的性质，尤其是当它附于形容词之后更是如此，因而句中常要用到"渐渐、一天一天"等词语：

（1）天空的霞光渐渐地淡下去……

（2）他日夜操劳，一天一天地瘦下去了。

（3）一年一年的这样瞎混下去，如何是个了局呢？

（4）底下只要这等一折折的排下去，也就没多的话说了。

（5）他不停地说下去。

例（1）（2）情况状态有"渐变"性质，即含有"越……越"的意味；例（3）（4）表示年复一年、折复一折地继续进行下去，突出了过程的延绵性和长期性；例（5）表示动作行为没有间歇地继续进行下去。①

与"起来"一样，"下去"有极强的动态性。除静态动词、终结动词和瞬间动词外，"下去"可以附着于动作行为、发展变化、心理活动等各类动词之后；它还常常附着于形容词之后，表示形态、状况的继续变化。例如：

（6）你们别停止啊，打下去！

（7）碗已经不多了，你洗下去吧。

（8）他只管念下去，也不管人家听不听。

（9）……便静静儿的听他唱下去。

（10）河水涨下去，要漫过堤岸了。

（11）为了解决这道难题，我一定要思考下去。

---

① "光线正在暗淡下去"，"暗淡下去"是一个渐进的过程，所以也可以用"正在"来突出过程中的某一时段。

（12）既然上帝把县城散落在大山里，又让人们留在这县城里，在这一天开始的时候，男人和女人又还在调笑着，按着自己能有的样式爱下去……

（13）阳光只明亮了那么一会儿，跟着就暗淡下去。

（14）人们不再喧哗，远处的歌声也低了下去。

以上例（6）（7）“打”“洗”是动作动词，“下去”附着其后表示动作的继续；例（8）（9）“念”“唱”是行为动词，“下去”附着其后表示行为的继续；例（10）“涨”是客观事物的发展变化，“下去”即表其发展变化的继续；例（11）“思考”是心理活动动词，“下去”附着其后表示心理活动的继续；例（12）“爱”是心理状态动词，“下去”附着其后表示某种心理状态的继续；例（13）（14）“暗淡”“低”是形容词，“下去”附着其后表示状态、情况等变化的继续。

“下去”的使用较少限制，不仅其前后可有“了”字（了$_1$、了$_2$）出现（参见以上一些例句），而且也可以同“已经”“过”配合呼应使用，表示某种动作行为完成后，又再继续进行下去：

（15）他已经跑过了，还将继续跑下去……

继续态所指通常不是现在才开始的，而是先前已经存在的，所以句中又常要用到“再、又、还、依旧、这样、那样”等词语。例如：

（16）天气再冷下去，麦苗就要冻坏了。

（17）他看了我一眼，又讲了下去。

（18）少了两个人，工作还得进行下去。

（19）而活着如果就只是这样，那又为什么还要活下去呢？

（20）你这样干下去，一定会有成绩的。

（21）你那样干下去，结果一定不好。

（22）有这么一点点，但好像并不要紧，日子还是可以依旧地过下去……

上面各例的"再、又、还、依旧、这样、那样"暗示现在继续进行下去的动作行为变化，是先前就已存在的。

继续态常有否定句式，例如：

（23）他忍耐不下去了。

（24）我是把幼儿园当做实验室的，虽然没有办下去，但实践已证明儿童英语教学是有前途、有作为的。

（25）原来这些小黑点不是长久地存在下去，而是会死的。

（26）不！不！如果日子不过就像这样，那也同样值不得活下去！

"下去"表示的体意义并不全等于继续，所以表示继续态时，常用语法成分"下去"而不用词汇成分"继续"，不过若要突出"继续"的意思，则也可以使用它：

（27）我继续抽烟。

（28）日子又接着上一天，我们也依旧还是我们自己，再接着把日子过下去。

（29）他停下来，喝了口水，又继续说下去。

例（27）只使用"继续"，例（28）只使用"继续"义的"接着"，例（29）是"继续"和"下去"配合使用，都突出了"继续"的意思。要注意例（29）句先前的动作行为曾经中途停止，现在是又接着继续进行下去的。由此可以看出，继续态有两种类型：一种是事件不中断现在继续下去；一种是事件中断后现在接着又继续下去。

7. 将行时态

这种时态是指动作行为变化将要发生或情况状态将要出现，就整个事件而言，则是指一个将要发生的未然事件。

汉语这种时态由时态副词“将要”表示。“将要”是一个必有的时态成分，将行时态一般靠它表示。例如：

（1）他将要来北京。

（2）我们将要到边疆去考察。

（3）太阳将要落山了，你还不快走？

（4）若干次打击之后，才知《夜与昼》的现实主义与《李双双》的现实主义大不一样了，且若干的打击者也正在或将要回到中间的地位。

“将要”又常分写为“将”和“要”。“将”常用于书面语，“要”常用于口语，如：

（5）我在等待启程，我在寻找一匹马，它将载着我日夜兼程，完成一千多公里的环湖奔驰。

（6）这一系列的正确政策，必将对我国的现代化建设事业产生积极的影响。

（7）天要亮了，快睡吧！

（8）我要毕业了，到时你送什么礼物给我？

（9）他要回来了，你不知道吗？

（10）春节要到了，年货准备得怎么样了？

有时候，将行态句中没有使用“将要、将、要”，它们成为隐含成分：

（11）我〔　　〕去北京，他〔　　〕去上海，你〔　　〕去哪儿？

（12）我〔　　〕回去了，你还有什么话要告诉家里的？

但是，非自主动词充任谓语时，将行时态成分一般不能隐而不现，试比较：

（13）他要醒了（未醒）　　　他醒了（已醒）

（14）他要病了（未病）　　　他病了（已病）

（15）墙要塌了（未塌）　　　墙塌了（已塌）

（16）雾要散了（未散）　　　雾散了（已散）

由于语义、时态的相互排斥，“将要”与“过、来着、了$_1$”绝不共现（*将要当过兵、*将要到天津去来着、*将要去了北京）。但是，“将要”可与“起来、下去”共现（将要开展起来、将要进行下去），这说明它们在语义、时态上是不相排斥的，因而是可以配合使用的。

现代汉语中，“将要”作为未然态标记，可以和“已经”“正在”组成一个系列（已经——正在——将要），常常配合使用。例如：

（17）我们已经或正在……

（18）我们正在或将要……

（19）我们已经或将要……

8. 即行时态

这种时态是指动作行为变化即将发生或情况状态即将出现，就整个事件而言，则是指一个即将发生的未然事件。

汉语这种时态由准时态副词“快要”（快+要）、“就要”（就+要）、“即将”（即+将）表示。“快要”“就要”“即将”是必有的时态成分，即行时态必须依靠它们来表示。“快要”“就

要”常用于口语,“即将”常用于书面语。例如:

(1)我快要毕业了,你知道吗?

(2)火车快要开了,你还不赶紧上去?

(3)我就要出发了,你不对我说几句话?

(4)汽车就要进站了,快闪开!

(5)就在部队即将解放石家庄的紧要关头,他突然胃病复发了。

(6)那么,他那细眉细眼的媳妇,会把即将到手的肉块拎起来,挂到灶头那儿的挂钩上去。

汉语的即行时态也可以用“快”“就”表示,例如:

(7)快放假了,假期你打算怎么过?

(8)你听,水快开了。

(9)你妈快到村头了,还不赶紧迎接去?

(10)天就亮了,还不起来?

(11)您略候一候,饭就好了。

(12)这就走,你急什么?

为了强调、突出时间相距甚近,即行态句中常常使用词汇成分“马上、眼看、很快、一会儿”等:

(13)别着急,他马上就回来。

(14)天很快就亮了,咱们赶紧收拾上路吧。

(15)天一会儿就亮了,咱们再睡片刻吧。

(16)真快,麦子眼看就要割完了。

(17)周大勇,你们要抓紧时间做工作,我们马上就要打仗!

(18)看外面的天色,天很快就要亮了。

（19）太阳眼看快要下山了，咱们收工吧。

（20）时间过得真快，太阳眼看快下山了。

与“将要”相同，“快要、就要、即将”也不与“过、来着、了$_1$”共现（*快要当过兵、*就要到天津去来着、*即将去了北京），而可与“起来、下去”共现（就要搞起来、即将拖延下去）。

值得注意的是，“快、快要”可与“已经”共现，不过这时句子不表完成而表即将完成，所以这里的“已经”实已转为假性时态成分。例如：

（21）火车已经快开了。　（即将开而尚未开）

（22）天已经快黑了。　（即将黑而尚未黑）

（23）太阳已经快要落山了。（即将落山而尚未落山）

（24）米饭已经快要做好了。（即将做好而尚未做好）

现代汉语中，“快、快要、就、就要”还常与时态语气词“了”配合使用，构成“快……了”“快要……了”“就……了”“就要……了”等格式，如上面（1）（2）（3）（4）（7）（8）（9）（10）（11）（14）（15）（16）（18）（19）（20）（21）（22）（23）（24）各例。

（六）现代汉语的时态结构系统

从以上所述可以看出，现代汉语的时态成分十分发达，手段多种多样，已经构成了严密的结构系统，反映了汉语丰富、精炼、灵活的特点。

汉语时态的结构系统可以从不同的角度加以观察。例如从不同时态成分的角度去观察，则可以看出这个系统的构成是有层次的，以动词为核心，依次是时态助词与动词结合，时态副词与“动词+时态助词”结合，时态语气词与“时态副词+动词+时态助词”结合。可以图示如下：

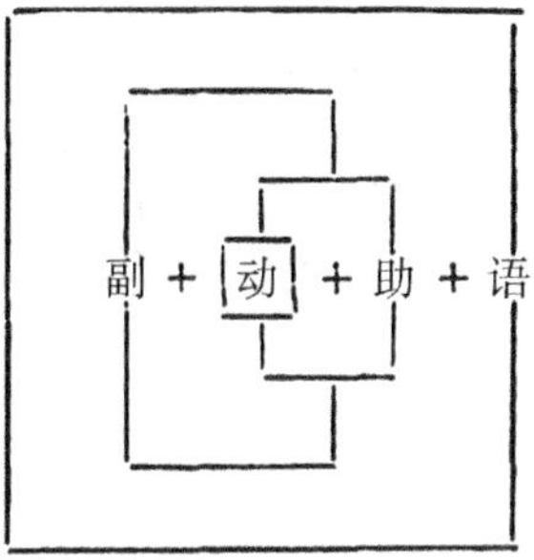

汉语的这个时态表达系统，从跟动词的紧密程度和虚化程度看，以时态助词为最；从表示时态的丰富性看，以时态副词为最；从覆盖面之大看，则以时态语气词“了$_{2}$、来着”为最。

如果从不同句子成分所起作用的角度去观察，也可以看出这个系统的构成是有层次的，以谓语为核心，依次是补语、状语、宾语等：①

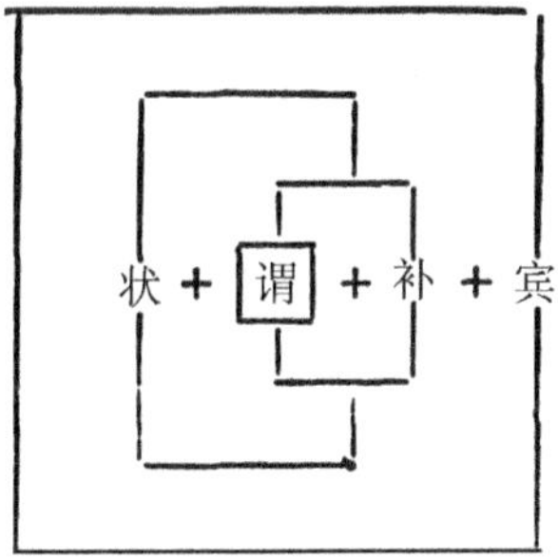

如果从各种时态在时轴上所占位置去观察，则可以看出现代汉语的时态系统实已构成一条“时态链”，这条时态链充分

① 这里包括时态义的词汇成分所充任的句子成分。

显示出现代汉语在时间表达方面的科学性和精密性。可以图示如下：

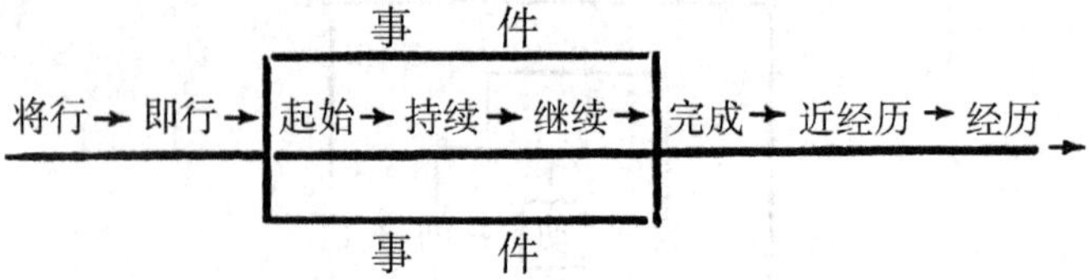

五　结束语

现代汉语的时间系统是一个由时相、时制和时态组成的三维结构，以上，我们分别讨论了时相结构、时制结构和时态结构，并初步考察了三者之间的联系和区别。我们看到，时相、时制、时态虽然是三个不同的概念，分属于不同的范畴，但是它们之间是息息相通的，密切联系的，它们共同构成现代汉语的统一的时间结构系统。

汉语的时相结构为句子（事件）表现时制和时态提供了基础，为选择适当的时制和时态创造了现实条件；时制则据此而选定事件的时间坐标，确立其结构框架；至于时态，则在这些基础之上考虑事件在时轴上的位置，从而最终选用恰当的时态成分来加以表达。

比较而言，现代汉语的时态范畴最为发达，不但虚化较为彻底，语法手段多样，而且形成了以动词谓语为核心的结构系统，尤其是八种时态在时轴上依次排列组成一条“时态链”，这在各种语言中都是不多见的。

汉语应用中，最需注意的也是时态及其表达手段的选择。因此，“了、着、过、起来、下去”等的用法，“已经、曾经、正在、将要”等的用法，历来成为语言学者和语文教师关注的焦点。不过，要想真正掌握这些时态成分的用法，就必须深入了解时态同时制、时相的对应关系。为此，我们以时态为中轴，考察它同时相（情状类型）和时制（三时）之间的密切关系，图示如下：

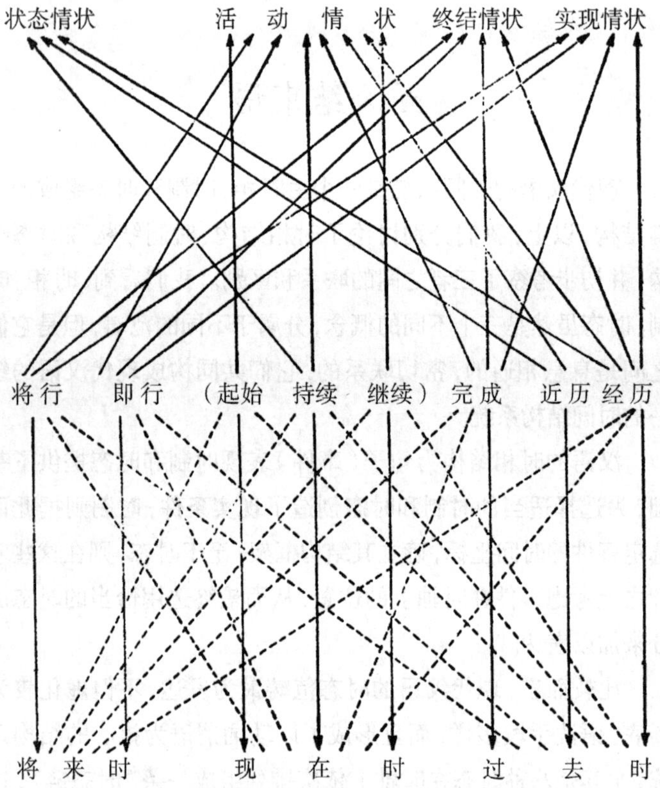

现代汉语中，各种时相特点的动词的选择使用，各种时制词汇成分的配合使用，各个时态语法成分的配合使用，以及动词、时制成分与时态成分之间的配合使用，形成了纵横交错的结构网络。研究并掌握它，可以帮助我们深入了解汉语的精细微妙之处，从而提高我们运用语言的能力。

后 记

这部《汉语的时相时制时态》原是我八十年代出席国际学术会议的一篇论文，从那时到现在扩写成书，已经过去五个年头了。

1987年，开始收集材料，构思酝酿，1989年写成《汉语里的时态表示和时态副词》一文，在第22届国际汉藏语言学会议（1989年10月檀香山）上宣读；1990年，研究范围扩及时制，写成《论现代汉语的时制和时态》一文，在第6届语法学术讨论会（1990年10月合肥）上宣读；1991年，该文经过修改后，用《谈现代汉语的时制表示和时态表达系统》的题目刊于《中国语文》1991年第4期；1992年，研究范围又扩及时相，经过一年的伏案工作，终于完成了这部语法小书。

这部小书的目的是理清现代汉语的时相系统、时制系统和时态系统，找出它们之间的对应关系，为汉语语法教学尤其是对外汉语教学提供一点帮助。但是，这些很可能都只是作者的“一厢情愿”，还望专家学者不吝指教。

本书写作过程中，曾跟屈承熹、郑良伟、曹逢甫、吕必松、马希文、陆俭明、徐枢、张万起诸位先生讨论切磋，也参考了不少语法著作和论文，郭瑛同志帮助收集了一些例句，谨一并表示衷心的感谢！

本书虽经多次修改，但限于水平，缺点和错误在所难免，敬请读者批评指正。

作　者

1992年12月　北京方庄小区